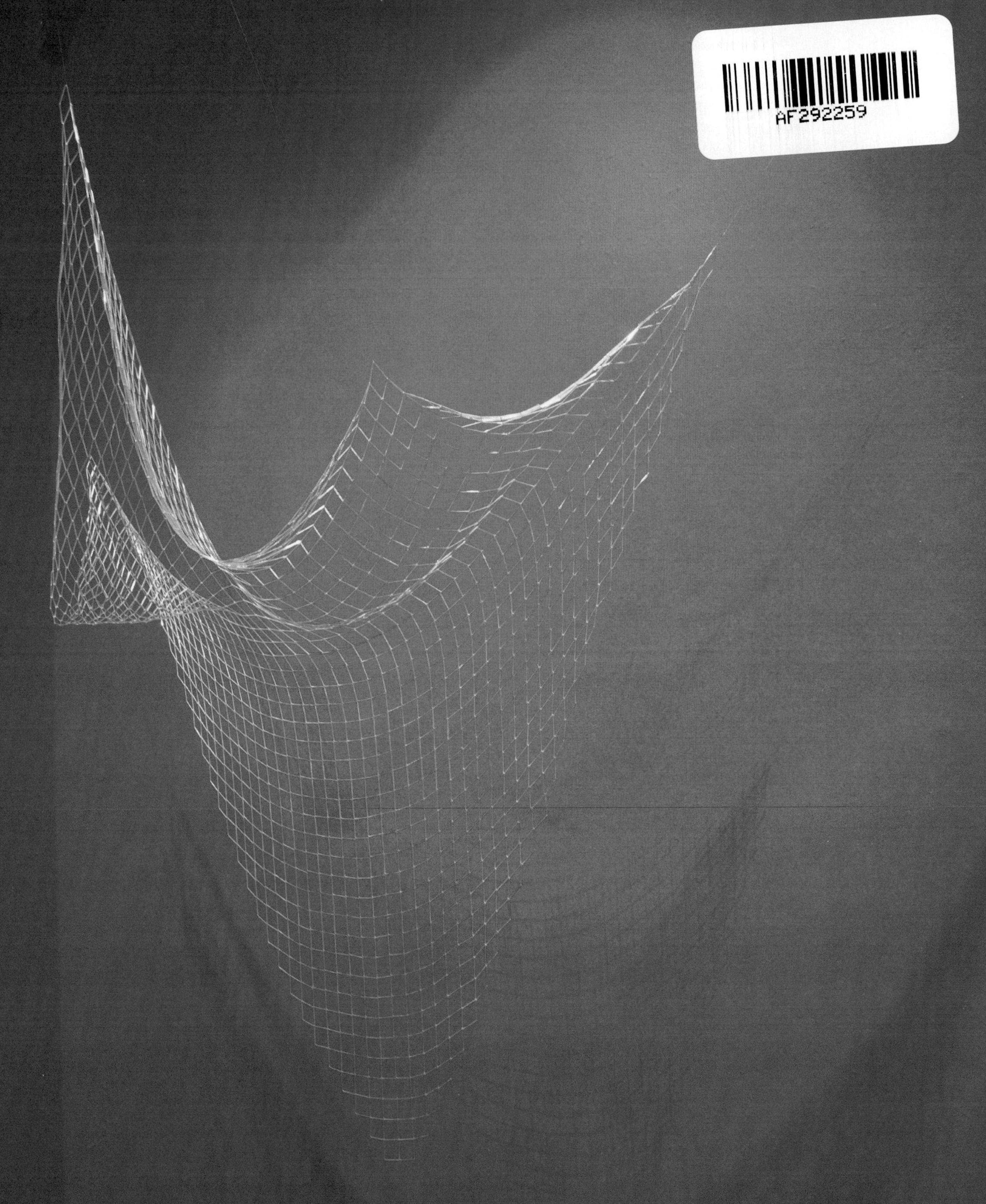

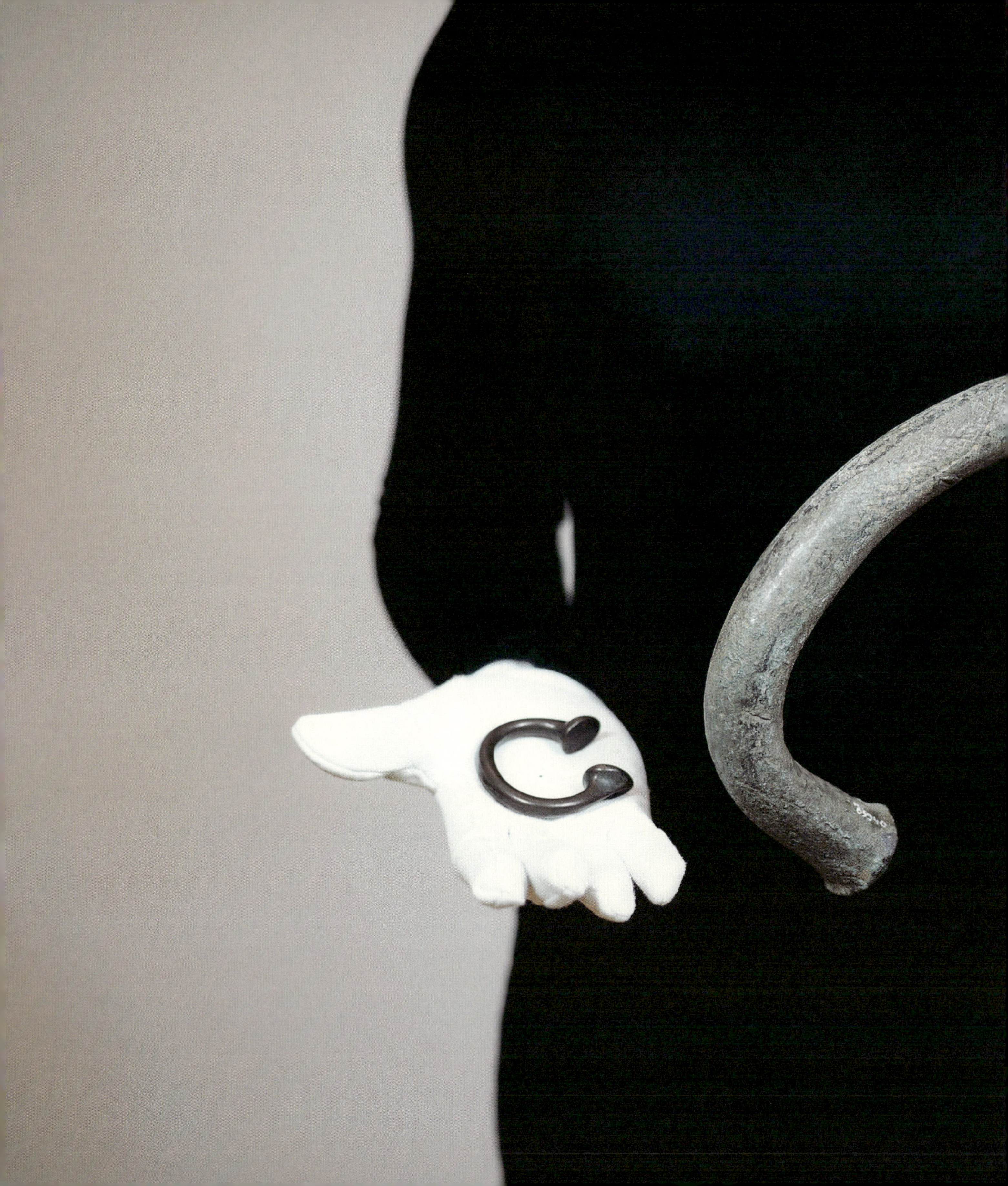

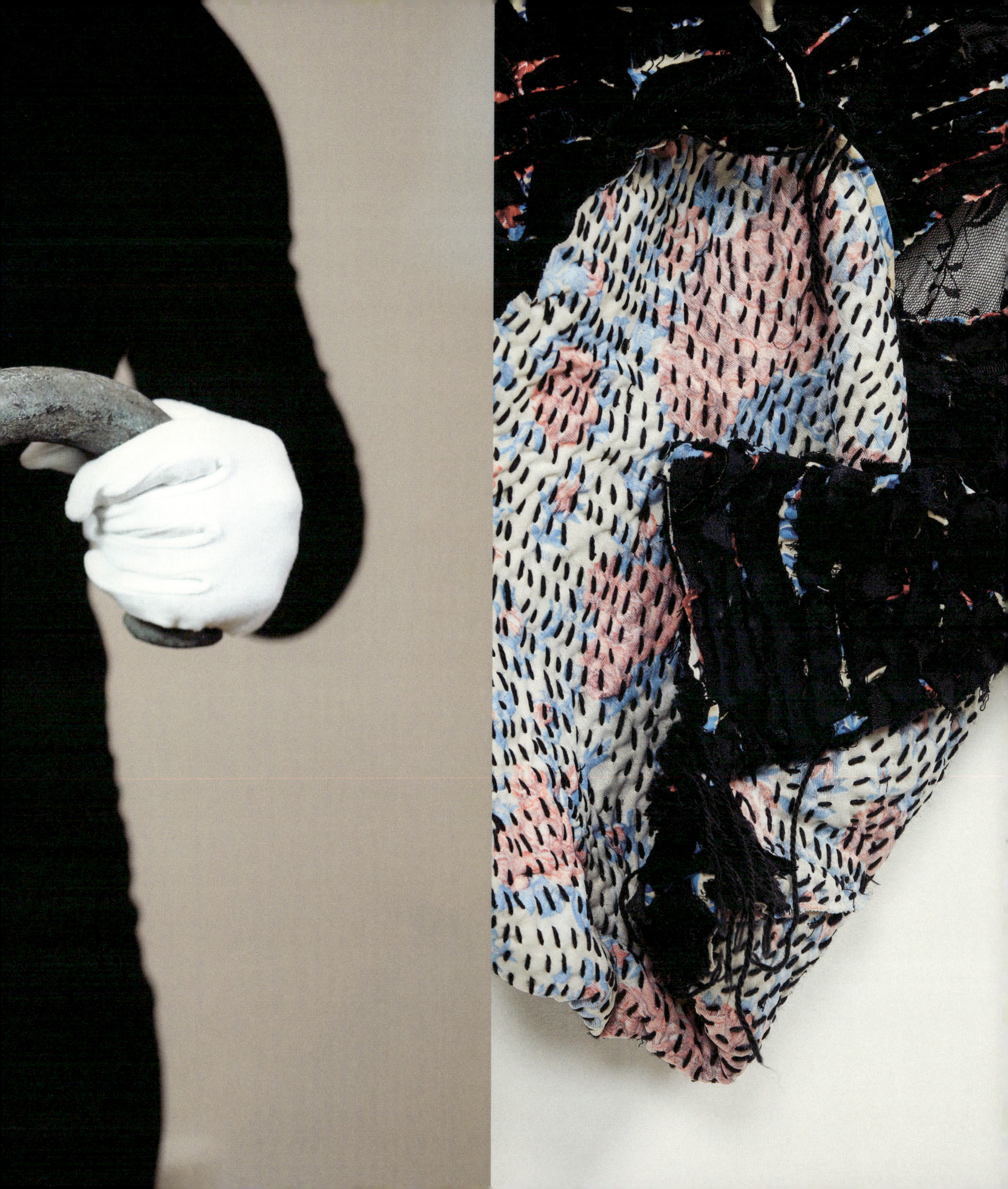

Clé de l'Afrique,
clé du monde...

BERNARD DE MONTFERRAND
Bordeaux, juin 2020

Depuis plusieurs années, le Frac Nouvelle-Aquitaine MÉCA a souhaité établir une relation étroite avec le continent africain. Nous avons organisé une exposition en 2015 avec le concours de la fondation Zinsou au Bénin et instauré des dialogues avec plusieurs créateurs africains. Nous avons également décidé d'élargir notre collection, depuis une dizaine d'années, par l'acquisition d'œuvres d'artistes originaires d'Afrique ou issus des diasporas. Dès l'annonce de la Saison Africa2020, nous avons voulu rencontrer sa commissaire générale, N'Goné Fall. L'exposition "Memoria : récits d'une autre Histoire" à Bordeaux est aujourd'hui un témoignage supplémentaire de cet engagement. Elle sera accompagnée d'une résidence organisée pour accueillir une artiste ghanéenne à la MÉCA, sur les bords de la Garonne.

Je suis convaincu que la connaissance et le dialogue avec l'art contemporain africain peuvent être pour nous une grande source d'enrichissement. Le continent africain est, comme l'ensemble de notre monde, empli de contradictions, à la fois fragile et porteur d'espoirs. Les défis économiques, écologiques, démographiques, migratoires, énergétiques qu'il doit relever, à l'instar de ceux qui nous préoccupent tous, paraissent insurmontables. Son inventivité, sa richesse culturelle qui a revivifié l'art occidental, la vitalité de ses liens sociétaux et la singularité de sa relation avec le monde sensible laissent imaginer que la civilisation africaine possède des clés pour demain qui risquent de surprendre le XXIᵉ siècle.

L'Afrique est un continent avec lequel nous avons une histoire à la fois tragique et d'une grande fertilité. Peu de pays autant que la France, de régions comme celle de la Nouvelle-Aquitaine, et de villes comme Bordeaux s'intéressent aujourd'hui à elle et cherchent à la connaître en profondeur. Nous avons d'éminents africanistes qui ont pris la suite des Leiris ou des Laude.

Des personnalités africaines reconnues, comme Alain Mabanckou au Collège de France, viennent enseigner chez nous. Longtemps, nous ne nous sommes intéressés qu'à notre regard sur l'Afrique. Celui que les Africains portent sur nous est maintenant un révélateur exigeant de ce que nous sommes. Celui des créateurs contemporains est souvent le seul à pouvoir dépasser les frontières des disciplines et des conventions pour aller au-delà de la connaissance raisonnable. Qui mieux qu'eux peut démêler les fils de nos mémoires et de nos imaginaires peuplés de tant de stéréotypes et de non-dits ? Qui mieux que les artistes mises à l'honneur dans l'exposition peuvent nous y aider, elles qui sont les principales passeuses de culture, en particulier dans des sociétés qui sont souvent matrilinéaires ?

Le Frac Nouvelle-Aquitaine MÉCA remercie vivement N'Goné Fall et Noël Corbin, commissaire général adjoint, Nadine Hounkpatin et Céline Seror, commissaires de cette très belle exposition, ainsi que toutes les artistes invitées: Dalila Dalléas Bouzar, Ndidi Dike, Enam Gbewonyo, Bouchra Khalili, Gosette Lubondo, Georgina Maxim, Tuli Mekondjo, Myriam Mihindou, Wangechi Mutu, Otobong Nkanga, Josèfa Ntjam, Selly Raby Kane, Na Chainkua Reindorf, Mary Sibande. Ma gratitude va aussi à la directrice du Frac, Claire Jacquet, grâce à laquelle ce projet a pu voir le jour. Merci enfin au groupe Delmas, à Axian et à la Fondation H, dont le mécénat aux côtés des moyens de l'État et de la Région est une des clés de ce projet.

Le monde entier fait partie aujourd'hui de l'imaginaire de l'homme moderne qui avec son portable, son ordinateur, sa tablette électronique et son billet d'avion peut tout en connaître à tout instant et s'y sentir chez lui. Pourtant, il découvre chaque jour que si l'homme est le même partout, tout le distingue et trop souvent le sépare. La Saison Africa2020 est une tentative de comprendre ce qui nous distingue sans nous séparer. Le Frac Nouvelle-Aquitaine est heureux de prendre sa part dans cette recherche.

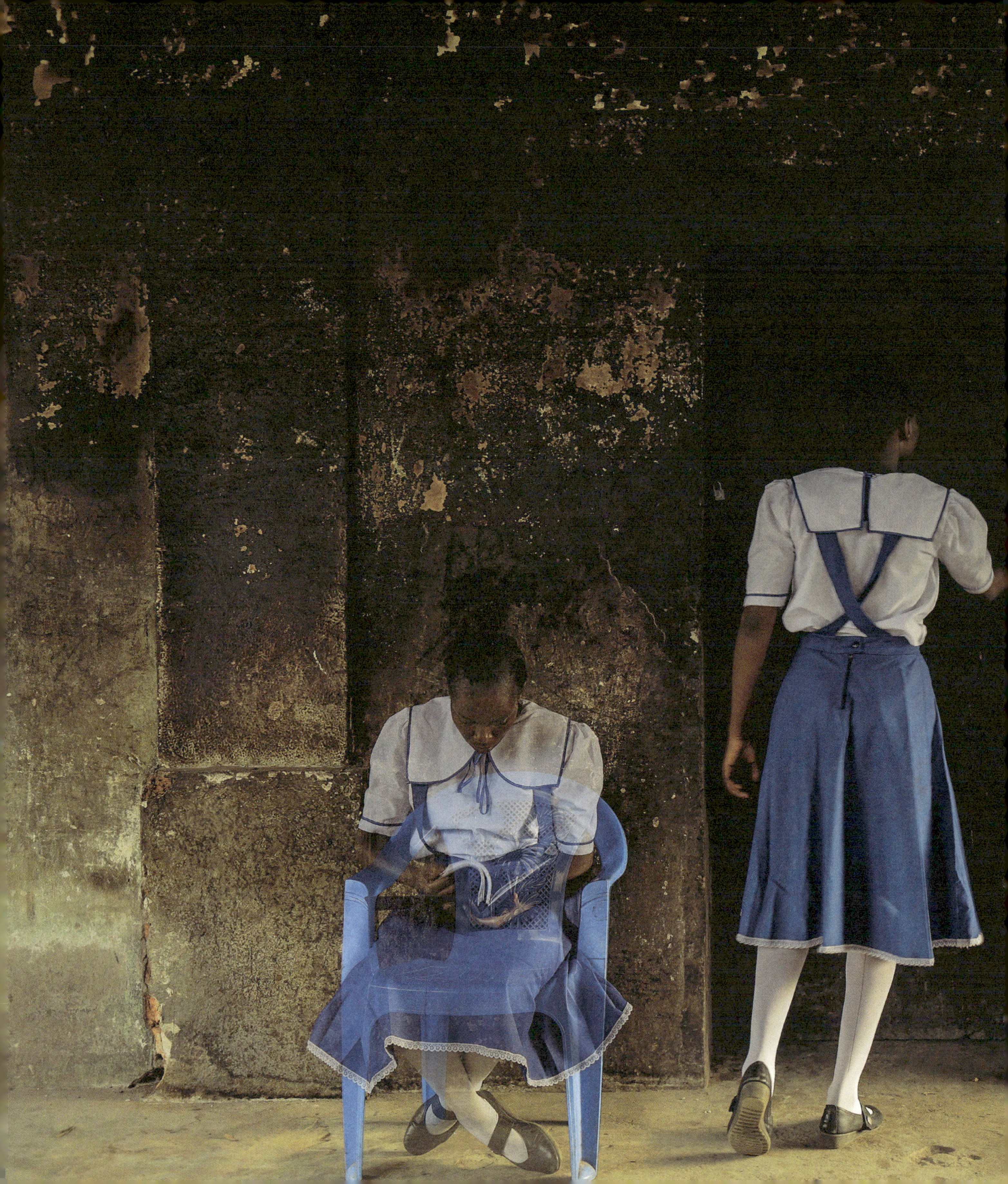

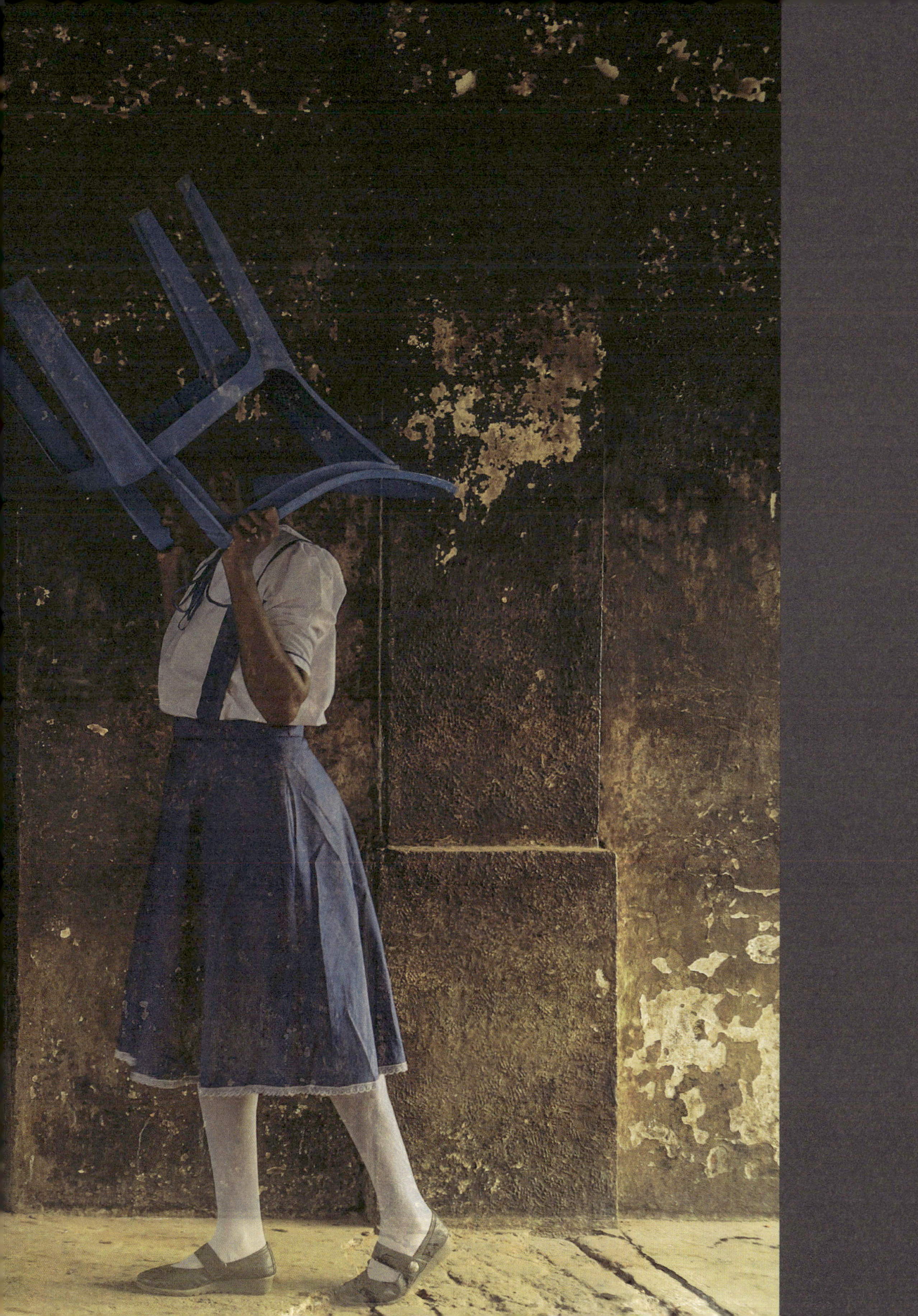

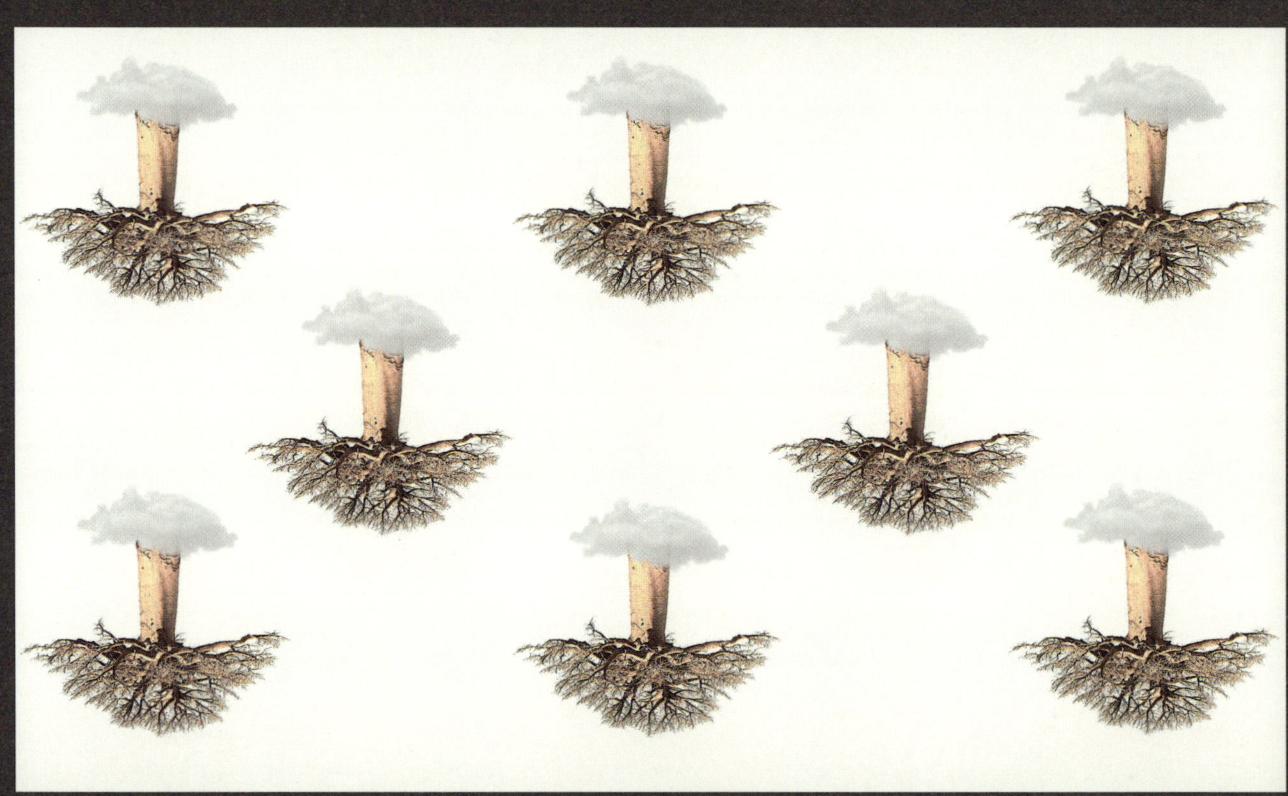

Révéler les potentialités du monde

À PARTIR D'UNE CONVERSATION ENTRE
NADINE HOUNKPATIN ET CÉLINE SEROR,
COMMISSAIRES DE L'EXPOSITION

Paris / Amsterdam, septembre 2020

Le devoir d'un artiste, en ce qui me concerne, est de refléter l'époque. Je pense que c'est vrai des peintres, sculpteurs, poètes, musiciens. [...] Et à ce moment crucial de notre vie, où tout est si désespéré, où chaque jour est une question de survie, je ne pense pas que vous puissiez vous empêcher d'être impliqué. Les jeunes, noirs et blancs, le savent...
NINA SIMONE[1]

Des mouvements de contestation de l'ordre établi explosent dans tous les domaines : contre l'injustice sociale, les violences policières, les violences faites aux femmes, mais aussi pour préserver la planète ou défendre la cause animale. Évidemment, ce ne sont pas des revendications nouvelles pour la plupart, mais elles sont largement "hashtaguées", diffusées et amplifiées *via* les médias et les réseaux sociaux, ce qui leur donne une résonance planétaire en quelques heures. Et l'image, omniprésente, accompagne toutes ces revendications. Alors, paradoxalement, il devient nécessaire de s'extirper de ce "bruit et de toute cette fureur[2]", de prendre du recul pour mieux appréhender ce qui se joue là, devant nous. Entendre puis chercher à comprendre. Pour cela, un véritable changement de perspective s'impose ! Il semble urgent de s'instruire à nouveau, revoir bon nombre de nos principes et certitudes, et même notre rapport à l'autre, notre rapport au monde. Tocqueville n'avait-il pas tort en imaginant que tous les hommes deviendraient de plus en plus semblables[3] ? Force est de constater que nous assistons précisément à l'inverse, et ce, malgré le mot galvaudé de "globalisation".

Écouter la voix des artistes est un bon moyen pour nous – qui faisons partie des sociétés qu'ils dépeignent et qui avons toujours cru en leur capacité à inventer des possibles – d'affronter nos modèles de pensée. Leurs œuvres procèdent de la réappropriation, de la redéfinition de certains mots ("maux"), de l'élaboration de sémantiques nouvelles et ainsi de la déconstruction des récits normatifs. Accepter que les lignes bougent et que de nouvelles narrations nous soient proposées est indispensable. L'exercice est périlleux, inconfortable, et demande de la volonté et du courage. Il s'agit en effet de remettre en question ce que nous pensons être la vérité, notre vérité, et d'accepter que d'autres visions du monde soient tout aussi incontestables.

Mais alors comment réinvestir des clichés, comment se réapproprier son soi, son propre moi ? Par quels processus recréer un soi qui corresponde peut-être à une autre réalité ? C'est toute la difficulté de la situation puisque, et nous le savons, nos identités sont par définition fluides et donc complexes. Dans ce contexte, nous avons choisi la voix des artistes pour nous éclairer et également celle des auteurs (historiens, historiens de l'art, philosophes, poètes, scientifiques...). Ce qui a été intéressant dans la construction de cette exposition "Memoria : récits d'une autre Histoire" et de l'ouvrage qui l'accompagne, c'est de mettre ces voix en conversation et de croiser les disciplines : l'écriture engagée du curateur-poète Chris Cyrille en dialogue avec les fantômes d'un passé colonial mis en scène par la photographe Gosette Lubondo, ou encore l'approche poétique et spirituelle de la curatrice et critique d'art Sonia Recasens, intronisant l'artiste Dalila Dalléas Bouzar au sein de sa propre œuvre, parmi ses Princesses... Émergent inévitablement de nouveaux langages, d'autres sens.

En s'attachant aux mots et à leurs significations, les auteurs nous aident
à en saisir l'impact sur notre société, sur nos manières de penser et de voir
le monde, pour mieux le comprendre. Lorsque la philosophe Nadia Yala Kisukidi
parle, par exemple, d'"expérience noire", elle propose de l'appréhender à partir
de la violence subie du racisme et non pas par rapport au fait d'être noir,
mais plutôt d'être différent. Au lieu d'assimiler l'expérience noire à l'Afrique,
elle l'associe au racisme.

On pourrait faire le même parallèle avec l'expression *black lives matter*,
puisque certains y ont répondu en précisant que les vies blanches, jaunes…
comptaient également. Il est vrai que lorsque l'on parle de droits civiques,
on pense à l'expérience noire américaine, mais évidemment le concept
est beaucoup plus large, plus universel. Pourquoi ne pas évoquer plutôt
l'expérience d'une personne différente dans un milieu disons "standardisé" ?
Enam Gbewonyo édifie notamment cette standardisation à travers l'exemple
du collant de couleur "chair", couleur ne seyant qu'à une catégorie de
peaux, invisibilisant *de facto* toute une partie de la population humaine…
Une façon pour l'artiste de dénoncer les mécanismes de standardisation
dans une société consumériste capitaliste et, par la même occasion,
toute action et toute pensée allant à l'encontre du principe fondamental
d'égalité et de justice.

Oui, il semble indispensable de poser un nouveau regard sur les récits
monolithiques et toutes les historiographies établies. Et ce d'autant plus
que, depuis la fin du XXe siècle, le postcolonialisme continue d'investir
tous les champs d'étude – sont popularisés des termes ou concepts
tels que afroféminisme, écologie décoloniale[4], décolonisation des arts,
ou encore racisée en parlant d'une personne. Et malgré les alertes hystériques
et infondées de ceux qui crient au risque de séparatisme, critiquer et
expliciter les effets systémiques et persistants de la colonisation, encore
subis par une partie de l'humanité, restent bien nécessaire dans le sens
où ces questionnements sont à même de nous offrir des pistes de réflexion
en lien direct avec la question de la production de la connaissance
et de nos identités.

Comment trouver des réponses pour tous et pas seulement pour une partie
du monde ? Comment se réinventer dans un monde en perpétuel mouvement ?
La lecture des œuvres de ces quatorze artistes fait émerger cette nécessité
d'universalisme. Nous avons sélectionné des plasticiennes, des photographes,
des peintres aux pratiques engagées et ancrées dans leurs géographies
fluctuantes et dans leur temps. La mise en mots de leurs démarches
artistiques et de leurs œuvres, pourtant réalisées antérieurement,
trouve un écho incroyable dans les événements qui se sont déroulés
au printemps 2020. Ce contexte particulier donne beaucoup de force
et de pertinence à ces narrations.

Alors se pose le problème de la mémoire et de l'Histoire, puisqu'on
l'a suffisamment entendu, on ne peut pas changer l'Histoire. Cependant,
la mémoire peut se voir réappropriée, réinterprétée, recontextualisée.
L'Histoire sera-t-elle toujours écrite par les vainqueurs[5] ? Cette idée est
régulièrement démentie et notamment par tous ces artistes et ces auteurs.
Pourquoi ne pas investir l'Histoire culturelle dominante occidentale
d'un point de vue autre ? Pourquoi pas celui de l'ancien colonisé ?
Attention, il ne s'agit pas de réécrire le passé, mais bien de changer
de perspective, de donner à voir des récits pluriels.

Dans l'acte d'exposer, en effet, il y a non seulement l'idée de laisser
des traces, de participer à l'archivage du monde et de ses pratiques, l'idée
d'instruire, mais aussi cette invitation à se poser, à réfléchir, à penser
ses propres fondamentaux et également ceux de l'autre. Entreprendre
la vérité de l'autre, c'est quelque part tenter de se comprendre soi-même.
Pourrait-on imaginer, comme le promet Theodore Zeldin[6], changer
le monde par la relation d'une personne à une autre ?

Le projet "Memoria : récits d'une autre Histoire" est à ce titre conçu
comme une expérience fragmentée, dans laquelle récits et contre-récits,
Histoire avec un grand H et narrations fantasmées, véracités historiques
et fictions opérantes se côtoient et forment, à l'image d'un puzzle ou
d'un patchwork, un récit commun universel. Ce sont ces confrontations
que nous avons voulu explorer. La manière dont elles nous interrogent,
nous émeuvent et nous construisent. Et quoi de mieux que la mémoire,
que les mémoires – le professeur Eustache, dans son échange avec
Anne Lafont, nous l'enseigne – pour nous servir de fil conducteur ? Tour
à tour poétique, initiatique, politique, philosophique ou même scientifique,
l'exposition s'inspire de deux grands thèmes de la Saison Africa2020
que sont la démystification de l'Histoire et les mécanismes de déconstruction
des stéréotypes et des croyances encore à l'œuvre lorsqu'il est question
du continent africain. De la même manière, la réflexion sur les liens
qui subsistent entre l'exploitation des ressources (naturelles et humaines)
et les enjeux écologiques actuels nous interpelle tant elle convoque le rôle
toujours central de la mémoire. Dominique Fontaine analyse ces liens,
dans les œuvres engagées d'Otobong Nkanga et Ndidi Dike, comme
des interconnexions résultant d'un passé non résolu.

Et bien sûr, ces œuvres sont exposées à Bordeaux, ville inspirante s'il
en est... À la fois berceau d'érudits et tombeau d'une histoire inhumaine
(la traite négrière à Bordeaux est à l'origine de la déportation de près
de cent cinquante mille esclaves noirs entre 1672 et 1837), et dont le passé
indélébile lie Histoire et mémoire. Dans les rues sont encore visibles
des mascarons à l'effigie d'esclaves africains. Cette mémoire de l'esclave
est narrée par l'historien bordelais d'origine haïtienne Rafael Lucas,

spécialiste de la culture dite "atlantique", et elle inspire le travail de l'artiste Na Chainkua Reindorf dont la jeune curatrice Martha Kazungu s'est fait l'écho dans un texte évoquant le choix tragique de ces quatorze femmes faites esclaves ayant préféré la mort à l'asservissement.

Notre démarche curatoriale contribue, à sa mesure, à révéler les potentialités du monde. Nous aimerions que chacun se sente plus fort, plus apte à traiter avec l'autre, à accueillir, à "habiter [ce] monde" comme nous y invite Felwine Sarr[7]. Exposer, c'est aussi, pour nous, proposer des clés de lecture et de compréhension pour que l'exposition et l'ouvrage soient en réalité des points de départ ou de continuation d'une réflexion propre. Et sans fixer de territoire géographique particulier, puisque la mémoire, *memoria* en latin, est une sorte de fil rouge qui nous relie tous. L'universalité de la mémoire répond à la notion d'humanisme qui réside au cœur même de notre pratique de commissaire. Les artistes sélectionnées ici participent à l'écriture de l'histoire de l'art, leur place est essentielle.

Une nouvelle heuristique est-elle à l'œuvre ? Peut-on établir autrement toutes les théories de la lecture, de l'explication et de l'interprétation du fait d'être différent ? Est-on prêt à redécouvrir, à abandonner ces biais que l'on pose, consciemment ou pas, sur l'Afrique en particulier et sur le monde en général ? Comment arriver à une résolution et une reconstruction, recouvrer la sérénité dans ce monde lassé, à bout de souffle, ou, comme l'écrit Ashraf Jamal au sujet de l'œuvre de Mary Sibande, "rétablir le calme et la paix au milieu de la tempête" ? Autant de questions que nous soumettent sans cesse les artistes et qui nous interpellent encore car, oui, exposer n'est qu'un jalon, une étape constituée de propositions dans la vaste tâche d'édification d'un avenir façonné en commun où nos mémoires, nos consciences et nos inconscients seraient une fois pour toutes apaisés et pacifiés. Si l'Histoire est l'apprentissage de la complexité[8], alors il semblerait que la mémoire soit, elle, l'apprentissage de la diversité.

◇

1 Extrait d'un documentaire réalisé par Peter Rodis, fin des années 1960, en ligne : youtu.be/ 99V0mMNf5fo.

2 Expression inspirée du titre d'un roman de William Faulkner, *The Sound and the Fury (Le Bruit et la Fureur)*, 1929.

3 Alexis de Tocqueville, *De la démocratie en Amérique*, Paris, Michel Lévy, 1864.

4 Malcom Ferdinand, *Une écologie décoloniale. Penser l'écologie depuis le monde caribéen*, Paris, Seuil, 2019.

5 Le journaliste et écrivain Robert Brasillach dans *Lettre à un soldat de la classe 60. Les frères ennemis, dialogue tragique*, Paris, Le Pavillon noir, 1946, écrivait : "Quant à l'Histoire, elle est écrite par les vainqueurs."

6 Theodore Zeldin, *De la conversation. Comment parler peut changer votre vie*, Paris, Fayard, 1999.

7 Felwine Sarr, *Habiter le monde. Essai de politique relationnelle*, Montréal, Mémoire d'encrier, 2017 : "Habiter le monde, c'est se concevoir comme appartenant à un espace plus large que son groupe ethnique, sa nation... c'est pleinement habiter les histoires et les richesses des cultures plurielles de l'humanité."

8 Idée empruntée à René Maran (1887-1960), ancien élève du lycée Montaigne de Bordeaux, écrivain couronné en 1921 du prix de l'Académie Goncourt pour son roman *Batouala*.

Mémoires itinérantes

NADIA YALA KISUKIDI
Paris, juillet 2020

Le temps des diasporas n'est pas un temps linéaire – où se succèdent, imperturbables, passé, présent, futur. Ce temps se recompose et se monte à l'intérieur d'une mémoire singulière du mouvement et de l'espace, une "mémoire itinérante". Au-delà du trope de l'arrachement et parfois du châtiment, les récits diasporiques se forgent autour d'une telle mémoire. La suivre, c'est saisir ce qui se perd, ce qui se gagne dans les va-et-vient, les déplacements, qui éloignent du référent natal – une terre, un continent, un paysage… Mais c'est aussi apprendre à soupçonner les langages, les mots qui s'entêtent à saisir l'unité, là où il faut être attentif aux multiplicités. Dans les itinérances maritimes, terrestres, ce ne sont pas toujours des peuples qui se maintiennent, mais des nations, des États, des cultures qui se créent, effaçant parfois tout renvoi à leur point de départ. Penser les "diasporas africaines" et les "mondes noirs", c'est penser ce qui se maintient, ce qui s'efface, ce qui s'est perdu définitivement et qu'on ne retrouvera pas. C'est penser une mémoire de l'espace.

La mémoire n'étale pas le temps, elle est ce qui le contracte. La mémoire, cette grosse machine enregistreuse d'images, fait vivre le passé au présent. Appréhender la mémoire, ce n'est pas penser ce qui est fini, révolu, mais plutôt des modes de survivance. Bergson[1] rappelle qu'il existe plusieurs mémoires. Une mémoire du corps. Une mémoire de l'esprit. Une mémoire qui agit. Une mémoire qui rêve. Chacune de ces mémoires décrit des modalités distinctes de survivance du passé, sous la forme d'actions, d'un côté, sous la forme de représentations, de l'autre. Parfois, c'est le corps qui se remémore, à travers des mécanismes moteurs, constamment répétés. Parfois, c'est l'esprit qui plonge en lui-même et redécouvre des images anciennes, qui évoquent des événements uniques. Au-delà des habitudes et des souvenirs, le passé agit aussi sur notre quotidien, sans que nous en ayons conscience, à la manière de "dispositions[2]" incorporées. La psychanalyse freudienne s'est

14

employée à démêler les schèmes du passé,
qui se rejouent de manière inconsciente
dans le vécu ordinaire.

Dans les mondes noirs et africains, ce qui
se répète, ce sont les mouvements contraints
de départ, et l'arrivée sur des terres nouvelles,
qui bien souvent n'accueillent pas. Mais ce
mouvement de va-et-vient des corps convoque
des images, des représentations éclatées, qui
ne concordent pas entre elles. Elles rappellent
des espérances, des violences, qui n'empruntent
pas les mêmes chemins et qui dessinent
des expériences diasporiques hétérogènes.
Elles ne mobilisent pas toutes les mêmes rêves,
les mêmes trahisons, les mêmes traumas,
les mêmes schèmes inconscients.

Il y a, en effet, le souvenir de l'étendue marine,
comme un "gouffre[3]" infini. Celui de l'Atlantique,
"l'eau salée nourrie par nos larmes[4]", rappelle
le personnage d'un roman de Toni Cade Bambara.
Le souvenir de l'eau consacre l'oubli de la terre.
Et c'est un peuple qui se forme, en rupture de
pays, de sol, de filiation, dans la cale du négrier
qui éloigne des rives africaines et rapproche
des côtes américaines.

Il y a, encore, le souvenir de l'exil – le passage
d'une terre à une autre. Les exils politiques,
économiques, plus récents, liés aux reconfigurations
des violences capitalistes, post-impériales dans
les nations africaines qui se cognent contre
d'impossibles indépendances. La vie contrainte
sur de nouvelles terres, souvent celles des
anciennes puissances coloniales européennes,
est un rappel constant du lieu qu'il a fallu quitter ;
elle doit souvent se confronter à des formes
de mépris racial et culturel[5] qui interrogent
les conditions d'habitabilité des lieux d'arrivée.
Penser les mondes noirs et africains, c'est penser
cette itinérance de la mémoire. D'une part,
des mouvements continus de départs, contraints,
forcés, parfois désirés, et la multiplication
des points d'arrivée. D'autre part, les souvenirs,
irréductibles les uns aux autres, qui récusent
ou revendiquent le lien à une matrice
originaire, l'Afrique.

Suivre cette mémoire itinérante, c'est aussi rappeler
ce qui, dans les langages usuels, ne va pas toujours
de soi – en raison de la persistance des images
issues de la "bibliothèque coloniale[6]" : l'Afrique
n'est pas noire. Un continent n'est pas une "race".
Les signifiants "noir" et "Afrique" ne se recoupent
pas. Cette non-coïncidence des signes et des
mots doit peser de tout son poids sur les usages
de l'idée de "diaspora" pour les mondes africains
et noirs. Celle-ci est d'un maniement difficile :
elle présuppose qu'ailleurs, c'est un même peuple
qui se continue. Or, quand la référence à l'origine
est trop douloureuse, vacillante, que reste-t-il
de cette tension entre dispersion et rassemblement
qui est au cœur de toute dynamique diasporique ?
L'intérêt du terme "diaspora", c'est qu'il permet
de "jouer sur la concordance des contraires[7]".
Penser à la fois la distance et la proximité, l'unité
et la multiplicité, l'origine et le chemin, le centre
et la frontière, l'entour. Mais ce jeu se trouble
quand on le confronte à la pluralité des mémoires
itinérantes qui traversent mondes noirs et africains.
Dans *Le Discours antillais,* Édouard Glissant
permet de prendre la mesure de ces difficultés :
"Il y a différence entre le déplacement (par exil
ou dispersion) d'un peuple qui se continue
ailleurs et le transbord (la traite) d'une population
qui ailleurs se change en autre chose, en
une nouvelle donnée du monde[8]." La traite barre
l'usage de la notion de "diaspora" pour penser
une unité du monde noir, à partir d'un référent
originaire, l'Afrique. Les courants marins qui ont
emporté les bateaux négriers ont noyé le signifiant
"Afrique" dans les eaux profondes, livrant leurs
cargaisons humaines à la nudité de la violence,
à la rupture des généalogies, des filiations.
Les Africains, sur les terres mêmes où ils furent
capturés, étaient des étrangers entre eux, comme
le rappelle Saidiya Hartman : ce ne sont pas
leurs frères et sœurs que les Africains virent
enchaînés comme des esclaves, mais des étrangers.
Des individus extérieurs au clan, à la communauté,
des bandits... C'est la race qui, dans la cale,
fournit, au-delà de la "sentence de mort", un "langage
de solidarité[9]". Suivre la route de l'esclavage

moderne, c'est assister à l'invention d'un peuple
qui n'existait pas encore sur les terres africaines
qu'il fut forcé de quitter.

Les réflexions de Glissant et Hartman viennent
compliquer les usages du terme "diaspora"
et son articulation à l'unité d'un récit – celui
du départ, du maintien d'un peuple malgré
l'éloignement de l'origine. Il faudrait ainsi réformer
notre langage, dire qu'il n'y a pas de "diaspora
noire", mais bien plutôt une diaspora africaine,
qui n'est pas nécessairement noire. Dire aussi
qu'il existe une expérience noire, qui s'appréhende
réflexivement à partir de la violence subie
du racisme, mais qui ne fait pas nécessairement
de l'Afrique un centre de référence et ne raconte
pas l'unité d'un peuple. Les termes "noir" et
"Afrique" ne convoquent pas le même continuum
mémoriel. La violence du "transbord" n'est pas
une simple histoire de déplacement. D'un côté,
il y a le gouffre, de l'autre, le continent.

Les lignes mémorielles sont discontinues.
Elles réclament leurs propres mots, déploient
leur propre imagination des lieux. Les sillons
qu'elles tracent s'accompagnent de créations
esthétiques, politiques et morales singulières.
Les itinérances mémorielles noires et africaines
recomposent et réinventent des géographies
particulières, qui ne passent pas toutes par
l'absolu du gouffre. Mais elles rêvent, aussi,
de la planète dans sa totalité et livrent
ce rêve à qui veut bien le saisir et l'entendre.
L'Europe, les Amériques, l'Afrique, l'Asie.
Les lieux de départ et d'arrivée n'apparaissent
pas toujours comme des terres de refuge
dans le souvenir de ces itinérances. Dans les
anciens pays colonisateurs et esclavagistes
– pour ne prendre que cet exemple –, les espaces
publics portent encore, en certains points,
la marque des mauvais traitements, comme
une mémoire de la cruauté qui frapperait la rétine
de celles et ceux qui la subissent et la reconnaissent.
Une question s'ouvre, qui solidarise dès lors
entre elles les mémoires itinérantes – si
diffractées soient-elles : où trouver un refuge,

un espace pour reconstituer ses forces ? Où habiter ?
Sous ces interrogations pointe la conscience
de l'inhospitalité foncière du monde. Elle est
commune à d'autres expériences humaines.
Comment panser, réparer ce qui a été détruit,
abîmé ? Comment exister malgré la répétition
des gestes de négation et d'anéantissement ?
En 1900, le poète américain James Weldon Johnson
écrit *Lift Every Voice and Sing*, qui sera mis en
musique, puis surnommé dès 1919, par la NAACP[10],
l'hymne national noir. Une voix *(voice)* est
une mémoire *(memory)*. Son grain porte les heures
sombres, l'espoir présent, l'impatience devant
le jour nouveau. Chaque voix est unique et rassemble
avec elle des mémoires de l'itinérance qui
compliquent le rapport à la terre, les possibles
identifications à un peuple, une nation, un territoire.
Ce sont ces cartographies plurielles qui composent
les histoires des diasporas africaines et des
mondes noirs. Elles n'opposent pas seulement
les mémoires itinérantes au récit officiel des États
qui maintiennent leur violence sur des êtres
considérés comme des éléments exogènes au corps
national, elles permettent de densifier les archives
à partir desquelles les expériences noires et
afrodiasporiques se racontent, se réconcilient,
se confrontent, parfois violemment, et s'interpellent.
Cette dérive au cœur de la mémoire porte
une double exigence. Elle invite à compliquer
les archives noires et africaines, leurs trajectoires
et leurs routes. Ce qui implique une attention
aux mots, avec lesquels on les pense et les décrit.
Et – comme une voix qui tient la note finale –
il faut pouvoir reconnaître, dans ces mémoires,
la manière dont les utopies se façonnent et ouvrent,
au cœur de singuliers itinéraires, la possibilité
de devenirs collectifs inédits.

1 Henri Bergson,
Matière et mémoire, Paris,
PuF, coll. "Quadrige", 2008.

2 Bernard Lahire,
*L'Interprétation sociologique
des rêves,* Paris, La Découverte,
coll. "Laboratoire des sciences
sociales", 2018, p. 157.

3 Édouard Glissant, *Mahagony,*
Paris, Gallimard, coll. "Nrf",
1997, p. 166.

4 Toni Cade Bambara,
Les Mangeurs de sel, tr. fr.
Anne Wicke et Marc Amfreville,
Paris, Ypsilon, 2018, p. 69.

5 Paul Gilroy, *Postcolonial
Melancholia,* New York,
Columbia University Press,
2004; Achille Mbembe,
Politiques de l'inimitié, Paris,
La Découverte, 2016.

6 Valentin Mudimbe,
The Idea of Africa, Londres,
James Currey, 1994, p. XII.

7 Stéphane Dufoix,
*La Dispersion : une histoire des
usages du mot diaspora,* Paris,
Amsterdam, 2011, p. 327.

8 Édouard Glissant,
Le Discours antillais, Paris,
Gallimard, coll. "Folio essais",
1997, p. 40.

9 Saidiya Hartman,
*Lose Your Mother. A journey
Along the Atlantic Slave Route,*
New York, Farrar, Strauss and
Giroux Books, 2007, p. 6.

10 NAACP : "National
Association for the Advancement
of Colored People", organisation
de défense des droits civiques,
fondée en 1909.

17

La navette, stylo de la mémoire [1]

ENTRETIEN ENTRE ANNE LAFONT,
HISTORIENNE DE L'ART, ET FRANCIS EUSTACHE,
CHERCHEUR EN NEUROPSYCHOLOGIE,
SPÉCIALISTE DE LA MÉMOIRE

Caen / Paris, juin 2020

Les artistes de l'exposition "Memoria : récits d'une autre Histoire" entrent en création, fortes d'une mémoire à la fois instruite et sensible qui semble parcourir et façonner leur corps à l'œuvre. Elles s'engagent dans un travail de création que nous, regardeurs, pouvons littéralement confondre avec la fabrique de la mémoire tant la question de la corporéité du travail mémoriel y est présente. Broderie, tissage, filage, couture, peinture… sont des pratiques répétitives, des pratiques anciennes – "de grand-mère", nous dit Georgina Maxim – qui installent le passé dans le présent. C'est en tout cas à cette aune de l'art de la mémoire et de la mémoire des arts que nous engageons, le professeur Eustache et moi-même, la discussion.

I La mémoire comme transmission

And I cannot tell you how I felt reading
to my grandmother while she was turning over
and over in her bed (because she was dying,
and she was not comfortable), but I could try
to reconstruct the world that she lived in.
And I have suspected, more often than not,
that I know more than she did, that I know more
than my grandfather and great-grandmother
did. [...] And when I have tried to speculate
on their interior life and match it up with
my own, I have been overwhelmed every time
by the richness of theirs compared to my own. [...]
These people are my access to me; they are
my entrance into my own interior life.
TONI MORRISON [2]

AL Où se loge la mémoire comme nous la donnent
à voir les artistes de "Memoria : récits d'une autre
Histoire" ? Peut-être dans la continuation
militante des actes traditionnels de la confection
artisanale liée à la laine ou au tissu, car ces gestes
matérialisent, littéralement, le temps long,
à l'image de la tapisserie de Pénélope. Le mythe
antique imaginait, à la fois, l'occupation féminine
faite d'attente, dont la bonification par la production
d'une tapisserie était annulée chaque nuit par
la tisserande légendaire elle-même, qui défaisait
le travail mis sur le métier la veille. En effet,
Pénélope reconduisait sans cesse l'inachèvement
de la tenture, s'autorisant ainsi à croire au retour
prochain de son Ulysse. Et, pour mieux occuper
le temps de latence et éconduire les prétendants
à la succession du voyageur, elle s'astreignait
à une répétition du filage et du tissage, pratiques
qui s'avèrent aujourd'hui – depuis cette fonction
matricielle du mythe antique – l'incarnation
du rapport au temps que construisent les femmes.
La mémoire des gestes est là pour se ressouvenir
du temps qui passe, comme une activité léguée
par l'héroïne grecque aux artistes de l'exposition
qui saisissent l'occasion pour la recharger
politiquement. Ainsi en va-t-il de l'indexation

par Enam Gbewonyo et Myriam Mihindou
de l'un des équivalents synthétiques du coton,
le nylon, de l'industrie chimique américaine
Du Pont de Nemours qui, depuis la fin de la Seconde
Guerre mondiale, contraint physiquement et
psychiquement le corps des femmes. Sa matière
artificielle, sa couleur "chair", qui en dit long
sur le standard supposé de la couleur de la peau,
sa fonction d'étau gainant et sa fausse souplesse
dont l'élasticité, sur le retour, étouffe l'épiderme,
sont autant d'entraves en écho à la mythologie
du textile comme médium de l'art féminin
et féministe.
Professeur Eustache, de votre point de vue
de spécialiste du cerveau, qu'est-ce que
la mémoire ? Où se loge-t-elle ? Et existe-t-il
des mémoires ?

FE En tant que neuropsychologue [3], je répondrais
que la mémoire est dans le cerveau, ou plutôt,
de façon plus large, dans l'ensemble du système
nerveux et même dans l'ensemble de notre corps.
Le cerveau rend possible le fonctionnement
de la mémoire en lien avec d'autres organes.
Les hippocampes, par exemple – appelés ainsi
car ils ressemblent à l'animal marin –, sont situés
à la face interne des lobes temporaux et jouent
un rôle essentiel dans la mémoire épisodique
– la mémoire de nos souvenirs personnels.
L'imagerie cérébrale et l'électrophysiologie
parviennent à nous faire visualiser la dynamique
des réseaux cérébraux – leurs synchronisations
qui permettent l'élaboration de connaissances
ou la réactivation d'un souvenir – impliqués
dans différentes formes de mémoire. Ces réseaux,
souvent représentés par des assemblages de
couleurs, évoquent les tissages et les entrelacs
d'écheveaux de laine ou de morceaux de tissu
représentés dans cette exposition. Au-delà
de ces explorations venant des neurosciences,
les sciences humaines et sociales cherchent
à comprendre le fonctionnement des groupes
sociaux où la mémoire occupe une place essentielle,
les mécanismes de construction des mémoires
à la fois individuelles et collectives.

Vue sous cet angle, la mémoire est une fonction
plus complexe que ce à quoi l'avaient réduite
différentes branches des sciences. Aujourd'hui,
on aurait tendance à considérer que la mémoire
est à la fois dans le cerveau et le corps:
c'est la mémoire propre à chaque individu.
Mais elle est aussi en dehors des cerveaux ou
entre les cerveaux: c'est la mémoire collective
ou sociale qui prend sa source dans la famille,
à l'école, dans les groupes que nous fréquentons,
dans notre culture, dans les médias, dans
les commémorations. La construction de ces
mémoires collectives échappe en grande partie
à chaque individu, même s'il y participe
en étant acteur de la vie familiale et sociale.
Des mécanismes interactifs sont à l'origine
même des mémoires: les mémoires individuelles
nourrissent les mémoires collectives, et ces dernières
rendent possibles les mémoires individuelles.
Alors, comment le spécialiste de la mémoire
peut-il apporter des clés d'analyse à cette exposition?
Ce n'est bien sûr qu'un regard parmi d'autres.
La mémoire permet à l'individu un voyage mental,
spatial et temporel, mais aussi un voyage vers
les autres et un échange avec eux. La mémoire
se construit nécessairement à partir de cette
interaction. Même si l'autre est imaginé, fantasmé,
il est tout de même présent et destinataire.
"Je ne suis jamais seul", écrivait Maurice Halbwachs,
car tout acte de mémoire est un acte social,
je suis nécessairement en interaction avec l'autre.
Un individu dénué de cet échange serait un individu
sans mémoire. Ces échanges, qui prennent
des formes diverses, se construisent dès notre
plus jeune âge et tout au long de notre vie,
dans nos actions, nos pensées, nos engagements,
ou encore dans nos traditions familiales et
culturelles, dans leurs joies et leurs peines, leurs
drames parfois. Nous avons besoin de raconter
une certaine cohérence en nous et avec les autres.
Les artistes sont précieux dans cette narration,
qui est loin d'être linéaire et définitive. Ils en
fournissent les médias. Même si ce récit n'est pas
formalisé, tout être est amené à l'élaborer, ce qui
conduit à une identité individuelle et collective.

À l'appui de cette narration ou en deçà
de celle-ci, des mémoires, des plus primitives
aux plus sophistiquées, autorisent la visite du
passé, du présent, avec ses choix, ses aspirations,
ses croyances, et conduisent à l'exploration
du futur et à l'imagination. En cela, la rencontre
avec des œuvres favorise un passage. Après
la visite d'une exposition ou d'un musée,
on se sent plus fort.
Ce cheminement, qui conduit à la narration
de nous-mêmes dans notre monde, s'appuie sur
une diversité de mémoires: ces mémoires
"primitives" sur lesquelles nous reviendrons,
la mémoire de nos gestes et actions forgée au fil
du temps, parfois transmise d'une génération
à l'autre, appelée mémoire procédurale, les
connaissances acquises sur les autres et le monde
qui nous entoure, la mémoire sémantique, et enfin
les souvenirs du passé – la mémoire épisodique –
qui nous permettent des simulations de l'avenir.
Notre mémoire, ce sont toutes ces mémoires
qui interagissent entre elles et avec celles des
autres en fonction des contextes, des objectifs...

II La mémoire, l'art et le soin

Reconnaissant que les effets du traumatisme sont nécessairement inscrits dans le corps, j'étudie la manière dont les actes corporels de transmission circulent non seulement au sein, mais également au-delà de la famille et de ses rôles prédéfinis. Ainsi, mon but est de réfléchir à la manière dont le regard rétrospectif du traumatisme peut être élargi et réorienté pour ouvrir sur des temporalités alternatives, plus poreuses, plus ouvertes sur le présent et l'avenir. Je m'intéresse particulièrement à l'esthétique elle-même comme un espace de transmission plus ouvert et imprévisible. [...] Par les rencontres avec une œuvre d'art, nous pouvons apprendre à nous accorder et à trouver une solidarité avec les victimes de violence, passée ou présente. Cette vulnérabilité partagée peut nous conduire, non pas à répéter les blessures passées, mais à réhabiliter les espoirs et les avenirs du passé. Elle peut donc nous aider à envisager des possibilités de transformation et de réparation ainsi qu'un présent et un avenir plus libres.
MARIANNE HIRSCH [4]

AL Depuis les années 1970, les artistes ont privilégié l'art textile comme étant le médium le plus propice aux revendications politiques relevant de la création dans les domaines des identités sexuelles ou de genre, mais aussi de la colonialité ou encore de la race. Ici, nous avons affaire à des œuvres qui, sans renoncer à la dimension politique du médium, se prêtent très bien à l'imagination – plus encore qu'à la représentation – des souvenirs en ce qu'ils peuvent être spectraux (Gosette Lubondo) et s'immiscer dans des documents originaux telles des photographies anciennes. D'autres œuvres prennent en charge les traumatismes physiques et psychiques constitutifs d'une mémoire meurtrie, ou encore infligés par une mémoire dont les souvenirs n'ont pas encore perdu leur charge blessante. L'œuvre ambitionne alors de réparer les plaies, de prendre soin des corps et des esprits endommagés par une mémoire en forme de souffrance à vif ou d'agent contondant (Myriam Mihindou, Georgina Maxim). L'art de la mémoire se présente dès lors comme une arme politique et comme un soin. Loin de la résilience, il agit non pas pour résoudre mais pour donner une forme à la lutte qui veut faire exister, dans le cas de Na Chainkua Reindorf, des pratiques traditionnelles africaines. L'artiste leur prête suffisamment de force pour raviver ces gestes ancestraux en ce qu'ils peuvent donner sens et espace à des activités et des rituels anciens. Dans un monde contemporain qui a standardisé nos corps et nos actions en effeuillant les pratiques ancestrales prétendues périphériques, l'art résiste à leur complète évacuation de nos vies en actualisant des pans entiers de nos mémoires et de notre histoire. L'art de la mémoire perpétue des gestes archaïques et, même sans remède thérapeutique (Enam Gbewonyo), réanime des souvenirs au fondement d'une histoire commune agrandie. Que pensez-vous de ces vertus que les artistes prêtent à la fois à l'art et à la mémoire, à savoir celles de meurtrir ou bien de guérir ? La science a-t-elle un point de vue là-dessus ?

FE "L'art de la mémoire" est une formule fréquemment utilisée, qui souligne le lien, la connivence, entre l'un et l'autre. On réserve parfois cette expression aux différents moyens qui permettent de conforter le fonctionnement de la mémoire, d'amplifier ses capacités, d'accroître sa fiabilité. Nombre de ces moyens ont été forgés dans l'Antiquité quand les orateurs n'avaient pas de support écrit – et encore moins de PowerPoint – pour organiser leur discours et leur argumentation. L'art de la mémoire rejoint l'art de la rhétorique. On parle parfois de moyens mnémotechniques, mais c'est sans doute trop réducteur, car ces réflexions ou ces divers développements, qui ont été imaginés pour favoriser le travail et la puissance de la mémoire, vont bien au-delà de simples outils.

Beaucoup d'artistes, et en conséquence beaucoup
d'œuvres, ont un lien fort avec la mémoire
ou suscitent une réflexion sur celle-ci. Le geste
artistique lui-même, qui permet la création
de l'œuvre, l'action, avant même la représentation,
est une forme de mémoire qui puise certes
dans la dextérité de l'artiste, dans son travail
au fil du temps, dans les répétitions, les succès
et les échecs, ou ce qu'il juge comme tels, mais
aussi dans ses savoirs oubliés et ceux de ses
proches, de ses ancêtres, dans les us et coutumes
des groupes et des cultures dans lesquels il a évolué,
qu'il a côtoyés à un moment ou à un autre de
sa trajectoire existentielle. En ce sens, l'artiste
est sans aucun doute un passeur privilégié – même
si l'acte peut être douloureux – entre ces mémoires
oubliées, enfouies, dispersées, et l'irruption
de l'œuvre, qui est à la fois la sienne et celle des
autres, qui y ont contribué parfois malgré eux.
L'œuvre produite dans ce cadre a souvent une vertu
cathartique – pour l'artiste et potentiellement
aussi pour l'observateur –, elle permet une narration
salvatrice, dont l'élaboration et le résultat font
tous deux œuvre de résilience. En ce sens, l'activité
artistique peut avoir une vertu thérapeutique.
Il peut exister une incompréhension ou même
un malentendu entre l'artiste et le spectateur,
car l'artiste a cheminé, a parfois souffert dans
l'élaboration, alors que le spectateur est directement
confronté au résultat. La muséographie prend
alors toute sa place pour fournir des pistes
d'explication, sans dévoiler pour autant l'indicible.
Dans le dialogue entre l'artiste et le spectateur,
chacun doit aussi pouvoir conserver sa liberté
de voir ou de ne pas voir; l'artiste exprime
le contenu de sa mémoire à un temps T, mais
le spectateur le reçoit en fonction de ce qu'il veut
et peut ressentir de sa propre histoire, de ses
émotions, de sa connaissance d'œuvres similaires
ou du thème traité.

III La mémoire et l'Histoire

*Il me semble que je quitte maintenant l'étape
de l'écriture de l'histoire pour atteindre l'étape de
l'écriture de la mémoire des gens qui ne sont pas des
héros, qui sont seulement des hommes et des femmes
ordinaires et dont la vie semble totalement
insignifiante. [...] Ainsi, écrire sur ce genre de vie,
sans désir de rien prouver, seulement pour montrer
ce que la vie peut être, c'est écrire la mémoire.*
MARYSE CONDÉ [5]

AL Les artistes, peut-être aussi certains chercheurs,
les associations mémorielles certainement, ont
beaucoup revendiqué la nécessité de combattre
l'Histoire, au titre qu'elle serait officielle, dominante,
à la solde de la majorité et du pouvoir victorieux,
que sa raison d'être serait l'écrasement des mémoires
particulières, collectives ou individuelles d'ailleurs.
Dans les œuvres de l'exposition, ce postulat
m'apparaît consommé au double titre que le projet
autour d'artistes femmes d'Afrique et de sa diaspora
interpelle, par deux fois, les processus sociaux
de minoration. Ce sont en effet toutes des créatrices
en lien avec le continent de la prédation coloniale
et, encore, postcoloniale : l'Afrique. Les œuvres,
bon an, mal an, résistent à cette double assignation
de genre et de race, en augmentant l'espace
temporel et spatial dans lequel elles s'inscrivent.
Les mémoires façonnent l'Histoire en ce qu'elle
ne peut désormais s'écrire sans prendre en compte
toutes ces manifestations d'un passé vif, incarné,
exigeant d'être l'un des matériaux premiers
de sa conception.
Professeur Eustache, diriez-vous avec les artistes
– ou du moins dans la compréhension que j'ai de
leurs œuvres – qu'il est une mémoire sensible qui
habite nos corps et nos esprits et dont l'interrogation
est le moyen d'accéder à des sources fiables
du passé ? Autrement dit, comment la mémoire
peut-elle être une ressource pour l'écriture
de l'Histoire ?

FE Je ne souhaite pas enfermer l'artiste dans une définition ou dans une simple vision, unique. Mais on peut avancer quelques idées quant à l'acuité perceptive de l'artiste pour lire dans la mémoire, et plus précisément dans certaines formes de mémoires, perceptives et affectives. Cela demande un long cheminement, une forme de régression psychologique, intime, très personnelle, presque organique, un retour vers un passé qui n'a pas été mémorisé avec les outils cognitifs de l'adulte, avec sa culture et toutes ses connaissances, mais avec d'autres outils dont les traces explicites sont devenues quasi inaccessibles. La mémoire y est devenue de plus en plus insaisissable, liée aux individus, à leur histoire et à notre monde qui a changé, entrant difficilement en résonance avec le monde d'avant. On peut trouver des homologies dans la psychanalyse : la recherche de sources explicatives, fiables, d'un cheminement, d'une certaine vérité, de la mémoire et du traumatisme, ou encore chez l'ethnologue ou le paléontologue qui reconstruisent à partir d'éléments disparates venus du passé. Mais seul l'artiste a ce degré de liberté car il peut explorer, sans censure, toutes les pistes de son monde intérieur et de son imagination, parfois à ses périls si le contenu est violent et indicible. Les autres se doivent une autre forme de rigueur, qu'elle soit scientifique ou dans le bon déroulement de la thérapie du patient. L'artiste et ses œuvres nous offrent un espace de liberté et de réflexion. Nous côtoyons ainsi une expérience unique. C'est un témoignage précieux, exemplaire, qui peut devenir emblématique, engagé, militant, mais, comme tout témoignage, il reflète la vérité de l'artiste en tant que témoin éclairé, meurtri ou parfois aveuglé par son histoire.

1 "Dans un métier à tisser, la navette est la pièce mobile formée généralement d'un morceau de bois allongé et pointu aux extrémités, contenant une bobine et servant à faire passer le fil de la trame entre les fils de la chaîne." Définition du dictionnaire du cnrtl : www.cnrtl.fr/definition/navette/substantif

2 Toni Morrison, "The site of memory", dans William Zinsser *et al., Inventing the Truth: The Art and Craft of Memoir*, Boston/New York: Houghton Mifflin/William Zinsser, 1995, p. 95. "Et je ne saurais vous dire comment je me sentais en le lisant à ma grand-mère pendant qu'elle se tournait et se retournait dans son lit (parce que, mourante, elle n'était pas à son aise), mais je pouvais tenter de reconstruire le monde dans lequel elle vivait. La plupart du temps, j'ai soupçonné que j'en sais plus qu'elle, que j'en sais plus que mon grand-père et mon arrière-grand-mère [...]. Et chaque fois que j'ai sérieusement tenté de réduire leur vision pour me prouver que j'en savais plus, ou que j'ai tenté de spéculer sur leur vie intérieure pour la faire correspondre à la mienne, j'ai été submergée par la richesse de la leur comparée à la mienne. [...], ces personnes constituent mon accès à moi-même : ils sont mon entrée dans ma propre vie intérieure." Toni Morrison, *La Source de l'amour-propre. IIᵉ partie, Le Langage des dieux*, traduit de l'anglais (États-Unis) par Christine Laferrière, Paris, Christian Bourgois, 2019.

3 La neuropsychologie est la discipline qui étudie les liens entre les grandes fonctions mentales, dont la mémoire, et les structures cérébrales.

4 Marianne Hirsch, "Ce qui touche à la mémoire", *Esprit*, octobre 2017, p. 45, esprit.presse.fr/article/marianne-hirsch/ce-qui-touche-a-la-memoire-39657.

5 Mohamed B. Taleb-Khyar, "An interview with Maryse Condé and Rita Dove", *Callaloo*, 14, 2, 1991, p. 358. Traduit de l'anglais par Dominique Chancé, "Maryse Condé, la parole d'une femme qui ne serait pas la femme", article paru dans le numéro spécial d'*Horizons maghrébins – Le droit à la mémoire*, "Littératures féminines avec et autour de Maïssa Bey", n° 60, Toulouse, Presses-Universitaires du Midi/CIAM-université de Toulouse Jean-Jaurès, 2009, p. 77.

De l'intime à l'universel, réécrire une Histoire commune

Mary Sibande –
Suprahumaine

ASHRAF JAMAL
Le Cap, mai 2020

1 Jen Reid est une manifestante
du mouvement Black Lives
Matter.

Il est impossible aujourd'hui d'ignorer la politique de la race et ses représentations. Les statues publiques, en particulier, sont devenues un point de focalisation de la contestation. La récente controverse autour de l'installation temporaire, à Bristol, par l'artiste Marc Quinn de la statue de Jen Reid[1] à la place de la figure renversée du négrier Edward Colston, en est un exemple. Les statues sont des symboles puissants, qu'elles soient érigées sur une place publique ou dans un musée. La politique de la représentation – Qui a le droit d'être représenté ? Qu'est-ce qui peut et doit être représenté ? – marque profondément le monde de l'art.

C'est un hasard si l'exposition "Memoria : récits d'une autre Histoire" à Bordeaux se tient en ce moment historique chargé. Son objet, conçu avant le tollé mondial provoqué par le meurtre de George Floyd, est de nature à nous aider à reconsidérer la race et le racisme, le pouvoir et son cortège de mécontentements. Que les commissaires aient choisi d'intégrer une œuvre de l'artiste sud-africaine Mary Sibande dans leur rétrospective critique est avisé. Tout au long de sa carrière, Mary Sibande a placé les femmes noires au premier plan, en orchestrant et en reconstituant la vie de ses aïeules, Elsie, Merica, Velucia et Ntombikayise, des domestiques dont l'histoire a été façonnée par l'apartheid. L'expression politique de Mary Sibande, cependant, est plus implicite que déclarative. Elle met en scène leur aliénation, leur marginalité et leur existence compromise. Il est juste qu'elle ait choisi sa propre personne et son propre corps pour incarner ce propos. Sa lignée maternelle est la somme de la servitude et de l'esclavage.

Cependant, l'interprétation que fait Mary Sibande de cette histoire oppressante est toujours stimulante. C'est ce que montre avec force l'œuvre sélectionnée, *Wish You Were Here*, qui représente l'artiste vêtue d'une tenue de domestique détournée, de couleur rouge, blanche et bleue, les mains conduisant le fil de l'histoire d'un monde ensanglanté.

Mais ce qui frappe le plus dans cette œuvre, c'est le calme et la paix qui en émanent. Dans une période de troubles aigus, Mary Sibande nous offre une création réparatrice et apaisante.

Le symbolisme de l'installation de Mary Sibande est puissant. Dans le contexte de son exposition en France, et l'œuvre revêtant les couleurs du drapeau tricolore, il est difficile de ne pas faire le rapprochement avec *La Liberté guidant le peuple*, l'un des plus grands tableaux de l'ère moderne. Peint par Eugène Delacroix en 1830, il célèbre le renversement de Charles X et la lutte pour la liberté, l'égalité et la fraternité. Au centre du tableau est figurée Marianne, cadavres aux pieds et émeutiers à sa suite. Elle tient un fusil dans une main, le drapeau tricolore dans l'autre. Sa robe est déchirée, sa poitrine découverte, mais elle est loin de l'incarnation classique de la volupté. Elle est l'icône de la libération de la tradition esclavagiste, de la servitude de la femme – l'incarnation d'une *super-nature*.

Le drapeau tricolore est le symbole immuable de la liberté en France. Il consacre aujourd'hui une vision moderne, laïque et inclusive de la société démocratique. Cependant, comme tous les grands idéaux, il n'est jamais tout à fait ce qu'il paraît. Les inégalités persistent. Si *La Liberté guidant le peuple* reste profondément d'actualité, c'est parce que les causes que défend cette œuvre n'appartiennent pas au passé. Une vérité qui ressort de nos jours avec force de la protestation mondiale contre le racisme. Cependant, dans le cas du travail de Mary Sibande, ce ne sont pas l'indignation et le conflit qui dominent, mais un désir ardent de résolution. Son installation de techniques mixtes est l'antidote à la crise, et non sa manifestation. La rareté relative du ton et de l'atmosphère de *Wish You Were Here* mérite toute notre attention. Comme son titre l'indique, cette installation est une aspiration, une invitation à habiter le monde de l'artiste, à nous joindre à elle pour rétablir le calme et la paix au milieu de la tempête.

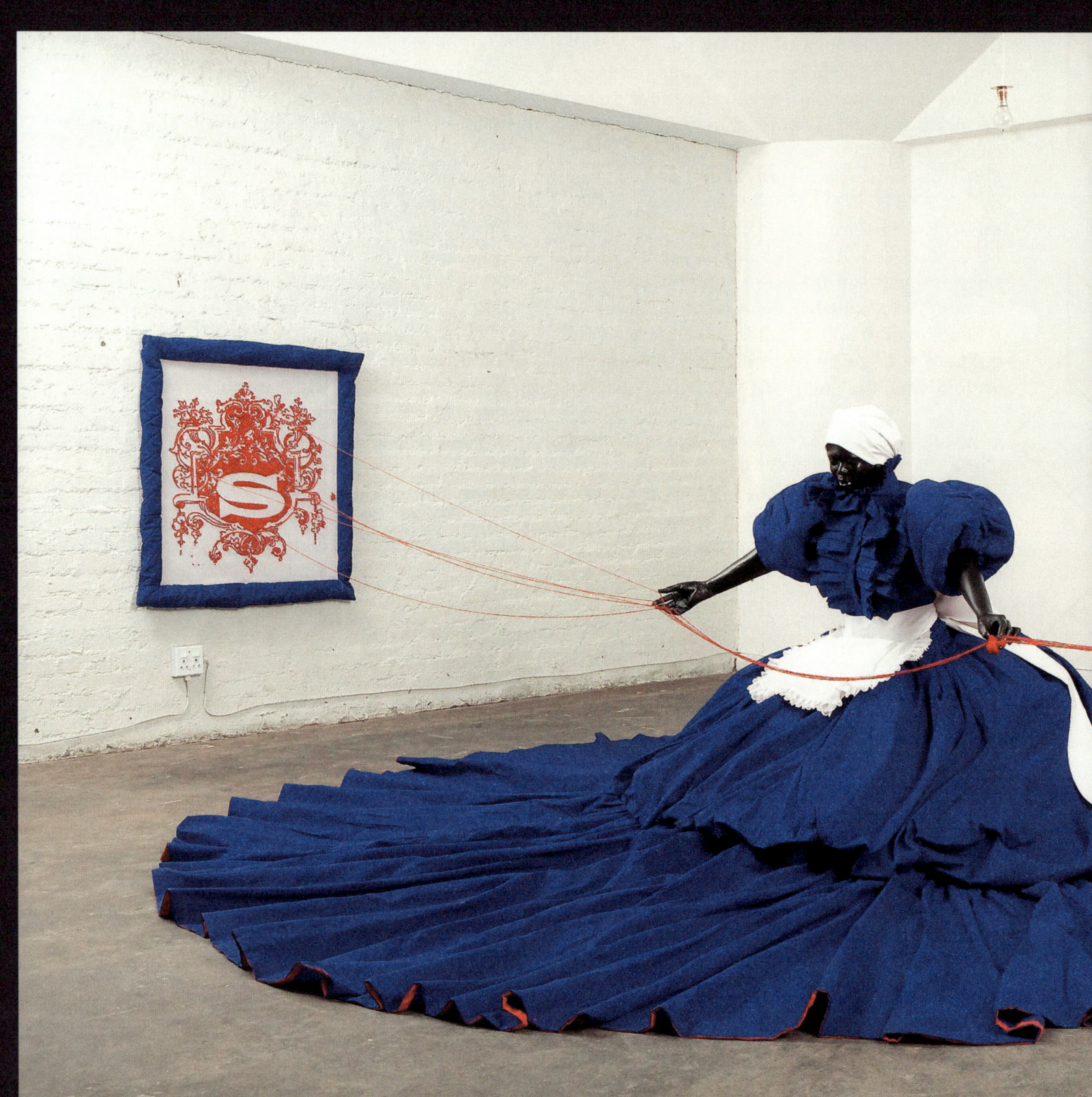

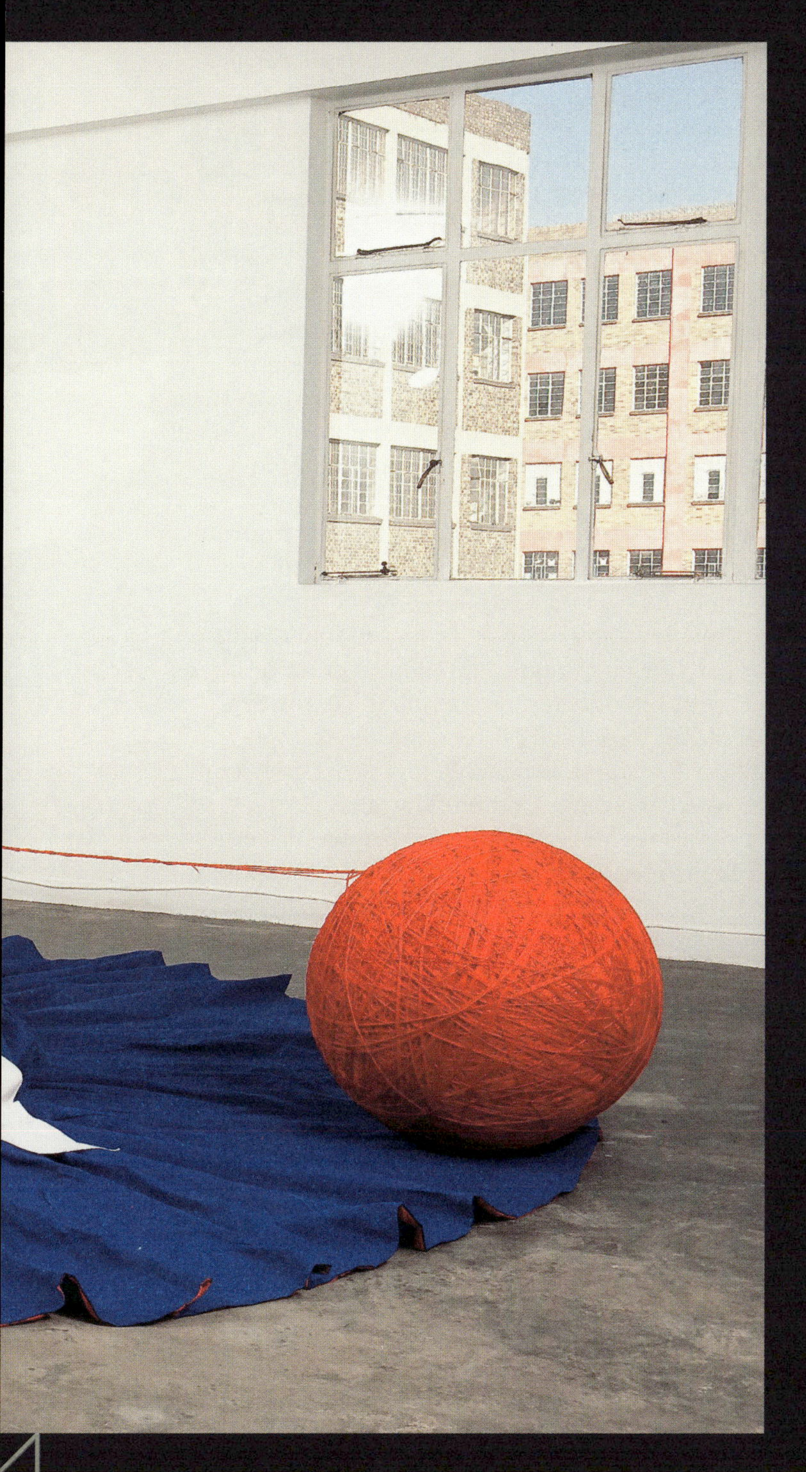

Mary Sibande
Wish You Were Here, 2010
Collection Carvanne

La couleur blanche – et son association avec
la raison, la sagesse, la civilisation – a besoin
de la couleur noire comme revers. Comme
nous avons fini par le reconnaître, le pouvoir
culturel et politique est construit sur l'inégalité.
Si les commissaires de "Memoria" ont choisi
de remettre en question le racisme institutionnel
parmi d'autres thèmes, et les structures
socioéconomiques et politiques qu'il sous-tend,
c'est parce que les préjugés refusent la croyance
même en l'universalité et l'inclusivité qu'incarnait
la Révolution française. Comment concilier
la croyance en la liberté, l'égalité et la fraternité
avec un système inégal ? C'est impossible.
Nous devons accepter soit que ce grand mantra
a toujours été intrinsèquement source d'exclusion,
soit que les valeurs fondamentales de la Révolution
française ont été mises à mal. La Marianne
de Delacroix est-elle l'icône de toute la France ?
Noire et blanche ? Si "Memoria" a un but
critique, celui-ci est de tester notre boussole
morale et notre conscience, de nous pousser
à nous interroger : où en sommes-nous
à ce stade de l'Histoire ?

L'œuvre *Wish You Were Here* de Mary Sibande
partage l'esprit de la peinture de Delacroix.
La figure féminine y est placée au centre
en tant que force vitale. Si Marianne hisse
triomphalement le drapeau tricolore,
le personnage de Mary Sibande, auquel l'artiste
a servi de modèle, est comme drapé dedans.
Vêtu d'un uniforme de domestique victorien
exagérément ample, il se tient à côté
d'une imposante pelote de fil rouge reliée
à un blason. Est-elle le vecteur, le médium,
qui relie l'écheveau – du sang ? des générations ?
de l'Histoire ? Si Marianne est véhémente,
Mary Sibande est contemplative. Si Marianne
est le cœur brûlant d'un moment arrêté
de l'Histoire, Mary Sibande est le juste milieu
qui relie tous les temps. Elle évoque le rêve
d'un monde libéré de l'oppression, du ressentiment
et de la vengeance – de ce qui fait l'état d'esprit
et le climat de notre époque en difficulté.

Comme Delacroix, Mary Sibande nous donne
à voir une figure plus grande que nature.
Sa source n'est peut-être pas classique, mais
elle n'en est pas moins absolue. Elle crée
son œuvre au XXIe siècle et non au XIXe siècle,
mais celle-ci a besoin elle aussi d'être aidée par
une force qui dépasse le moment de sa création.
L'art de Mary Sibande a toujours puisé dans
ses aspirations. Si son travail a une dimension
politique, il est inhérent à sa nature, comme
elle le reconnaît elle-même. En effet, sa stratégie
n'est pas réactive, mais intérieure et profondément
personnelle et privée, comme en témoigne
l'intériorité du regard de l'artiste – les yeux
de ses sculptures sont toujours fermés. Pourtant,
paradoxalement, c'est son intériorité qui lui
permet de trouver son public. Nous sommes
attirés dans le monde de Mary Sibande. Dans
et par sa vision, nous apprenons à créer des liens
et à nous connecter avec le monde extérieur.
Wish You Were Here est un superbe exemple
de cette vision tournée à la fois vers l'intérieur
et vers l'extérieur. Comme Marianne,
la figure de Mary Sibande est resplendissante.
À la différence de Marianne, elle tient la pelote
ensanglantée d'un monde, comme si elle
pouvait y attacher toute notre douleur.

Il y a dans l'installation de Mary Sibande
une dimension spirituelle, notoirement absente
de la peinture de Delacroix. Si l'œuvre
du peintre est inscrite dans le temps, celle
de Mary Sibande est hors du temps et éternelle.
Les deux visions ont leur place. La vision de
Delacroix est nationale et nationaliste, celle
de Mary Sibande est transnationale et utopique.
Si le drapeau tricolore est indéniablement
présent dans *Wish You Were Here*, la couleur noire
l'est aussi – avec le corps éclatant de l'artiste.
Son corps noir qui est le marqueur d'autres
histoires, de vies marginalisées, ignorées,
opprimées, privées de leur capacité d'action
et de leur valeur. Aujourd'hui, cependant,
il n'est plus possible d'entretenir ce mépris
cruel et cette inhumanité.

C'est la prise de conscience qui s'impose lorsque l'on regarde l'œuvre de Mary Sibande, le précepte et la force motrice de "Memoria". Face à *Wish You Were Here*, ce sentiment d'un monde meilleur et plus bienveillant nous inspire. Nous voyons un être entier, indépendant et transcendant – suprahumain et immortel. Car ce que Delacroix et Mary Sibande transmettent tous deux, bien que de manière différente, c'est le pouvoir iconique de la figure féminine qui a vaincu la servitude.

Le fait que Mary Sibande, à travers son œuvre, ait retracé sa lignée maternelle et reconstitué les liens du sang, témoigne encore une fois d'une vision qui n'est jamais uniquement personnelle. Ce qu'elle recherche, c'est une plus grande connexion humaine. À l'intérieur de la condition de domesticité – symbolisée par la figure de la servante noire portant tablier et bonnet –, elle cultive le rêve. *Wish You Were Here* est une œuvre radicale parce qu'elle refuse les frictions attachées à l'histoire des Noirs. Ni réactionnaire ni progressiste, elle nous invite à considérer le droit des Noirs à la sublimité. Si l'on considère que ce n'est pas seulement le corps noir qui a été nié, mais aussi son imagination, son âme et ses rêves, alors ce que l'artiste nous offre est précisément ce que l'on n'a jamais estimé être son droit.

La vision plus large de Mary Sibande s'apparente à une quête, celle de la fierté et de la dignité, de la grâce, de la beauté et de l'amour. Si sa vision, comme celle de Delacroix, est impérissable, c'est parce qu'elle est suprahumaine.

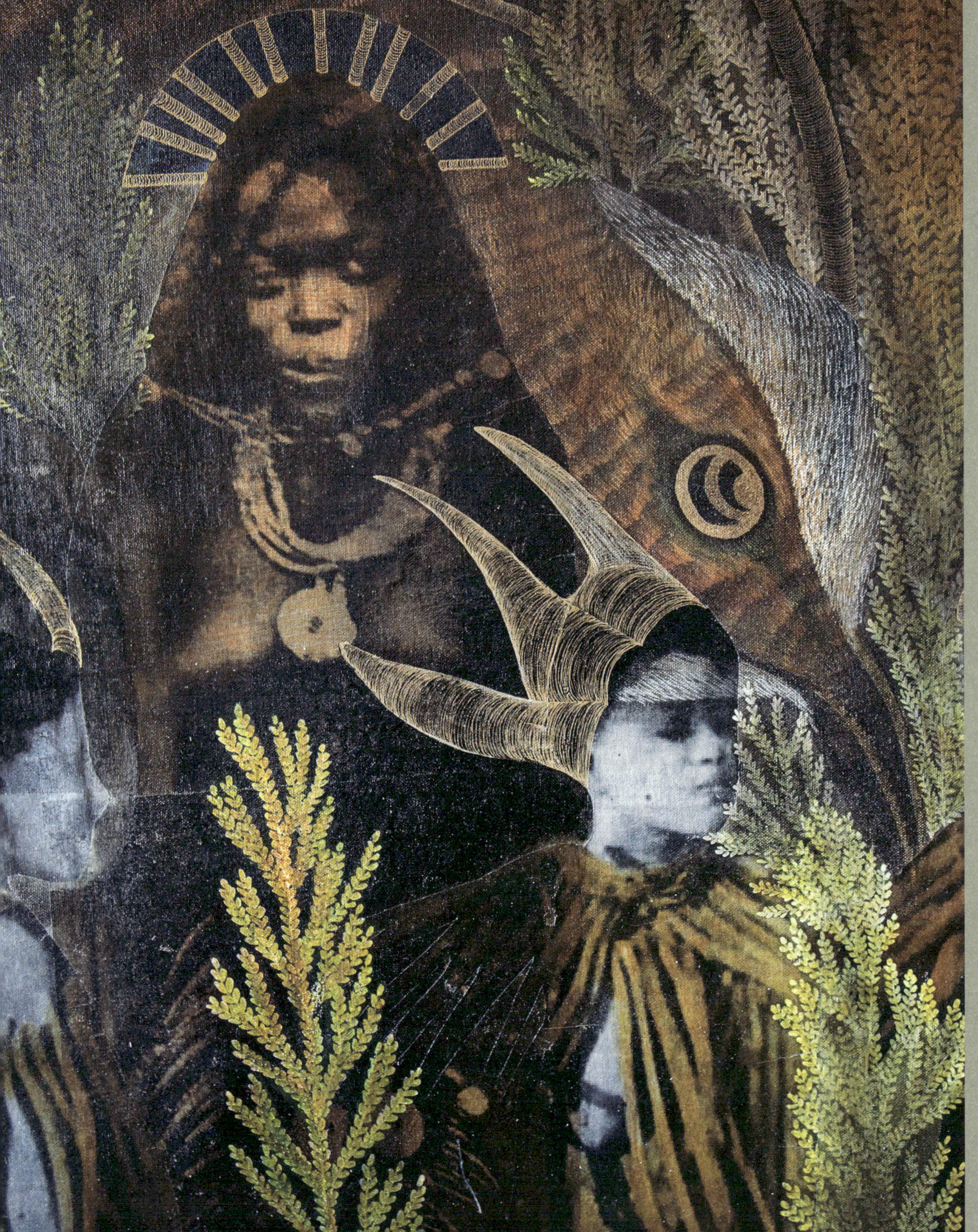

Les fils de l'être : Georgina Maxim et Tuli Mekondjo

VALERIE BEHIERY
Riyad, juin 2020

La mémoire façonne nos réalités subjectives. Elle sous-tend toutes nos actions, de nos activités quotidiennes à l'apprentissage de nouveaux savoirs. Elle nous ancre aussi dans nos identités culturelles, dont beaucoup ont été, au moins partiellement, effacées par le colonialisme, le modernisme et la mondialisation – des réalités et des idéologies qui tendent également à affaiblir la croyance même de l'homme en sa capacité d'action. L'art de Georgina Maxim et de Tuli Mekondjo résiste à l'effacement historique, sexiste et raciste en posant l'universalité de la subjectivité et de la culture. Plutôt que de réaffirmer de manière simpliste leurs identités culturelles respectives, leur travail tisse parfois littéralement les inextricables connexions entre le personnel et le collectif, à l'instar d'une approche artistique qualifiée de "glocale" qui contribue également à pluraliser l'Histoire.

Georgina Maxim crée des sculptures-installations souples à partir de vêtements usés. Bien qu'elle ait principalement travaillé la peinture durant ses études d'art, l'artiste zimbabwéenne n'a jamais eu le sentiment d'y trouver sa technique d'expression. C'est à la mort de sa grand-mère, dont elle hérite de la garde-robe, qu'elle découvre dans le textile son matériau de prédilection. Poussée par le désir d'honorer sa parente d'une manière non traditionnelle, et prenant conscience de la myriade d'histoires et de souvenirs que renferment les vêtements, Georgina Maxim entreprend de déconstruire et de reconstruire les vêtements de sa grand-mère en utilisant une large gamme de points de couture et de techniques textiles comme la tapisserie, le crochet, le tricot et la broderie. Si elle utilise ce qu'elle appelle "les arts de grand-mère", l'œuvre de Georgina Maxim ne cherche pas à faire renaître la tradition, ni à s'y opposer. Elle met plutôt en œuvre sa transformation par le biais d'un engagement et d'un processus subjectifs.

33

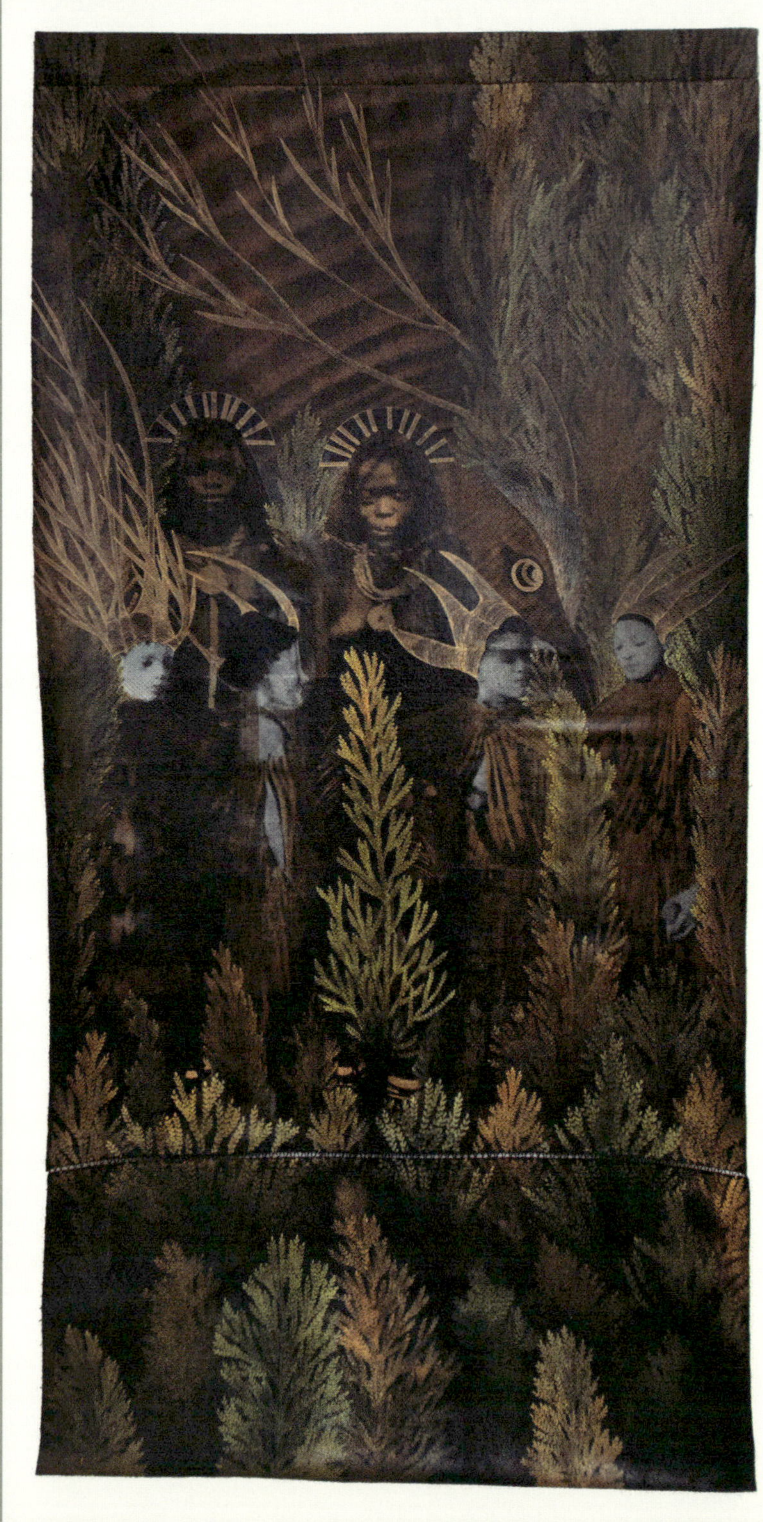

Tuli Mekondjo
Oihanangolo
(White Things), 2020.
Courtesy de l'artiste
et de la galerie Guns & Rain
(Johannesbourg).

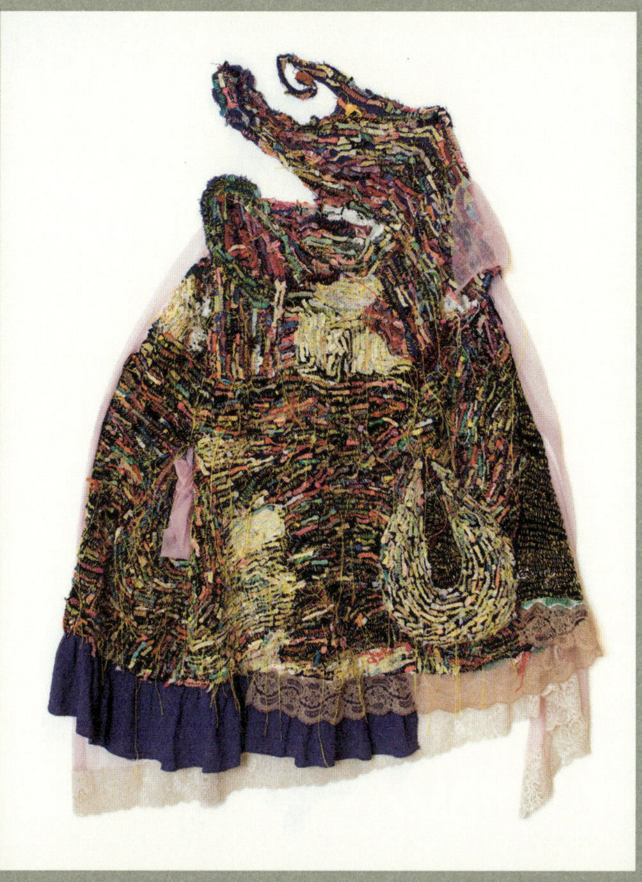

Georgina Maxim
Wing, 2017.
Courtesy de la galerie
Sulger-Buel (Londres).

Shabby Agnes, 2019.
Recto et verso
Collection privée (Paris).
Photo : Vincent Girier
Dufournier.

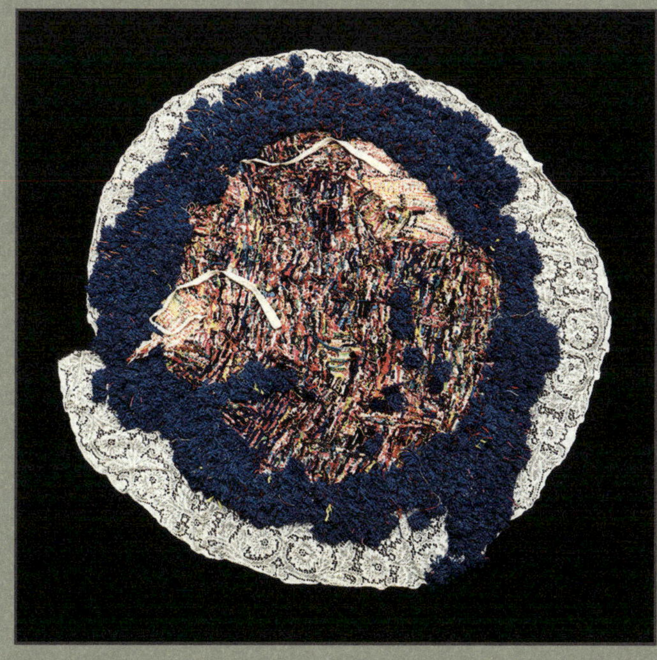

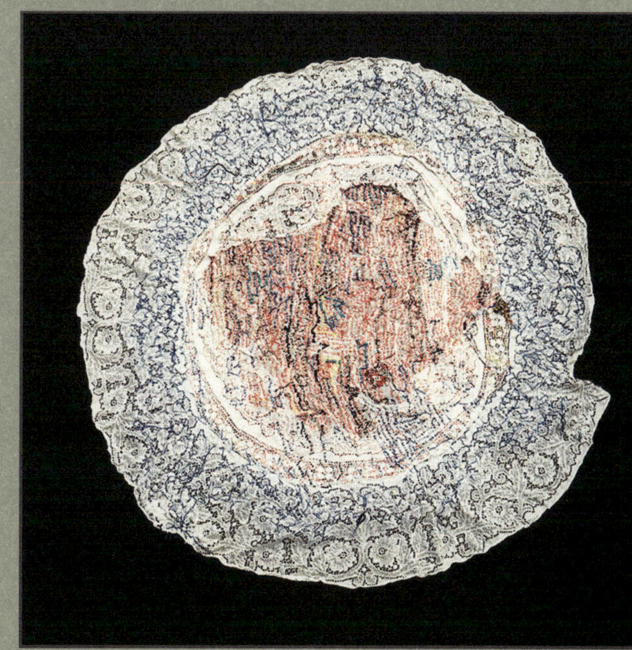

L'art de Georgina Maxim aborde souvent
des thèmes explicites comme le genre, la perte
et l'identité, mais l'exploration de l'objet esthétique,
de la mémoire et du soi – par la répétition infinie
de points – est au cœur de la signification de
ses œuvres. *Wing* (aile), par exemple, entraîne
le spectateur bien au-delà de la métaphore féconde
du recyclage qui transforme l'ancien en nouveau.
Tout en offrant une lecture de l'œuvre, le titre
refond et élargit la définition du mot, car la forme,
la tactilité et la couleur de *Wing* évoquent bien
d'autres associations. La matérialité même
de l'œuvre interroge plutôt qu'elle ne confirme.
Sa beauté non stéréotypée qui stimule l'œil
et ses coutures obsessionnelles traduisent
le mystère par lequel des éléments disparates
peuvent s'unir en un tout.

Wing incarne au sens propre et figuré les multiples
fils du sens. Autrement dit, cette pièce représente
la dimension alchimique de la création artistique.
Les œuvres de Georgina Maxim, fondées sur
la subjectivité et la métaphore, redéfinissent
les "arts de grand-mère", révélant peut-être leur
véritable fonction d'expression féminine en rejetant
la notion de "beau" telle qu'elle fut définie par
les normes sociales d'antan. Bien qu'elles semblent
être le résultat d'une patiente discipline, il se
dégage des créations de Georgina Maxim une
intensité, une passion et une impression similaire
à celle produite par une improvisation de jazz.
En réinscrivant les arts textiles dans un langage
contemporain, elles tracent de nouvelles voies
entre le passé et le présent, la culture dominante
et la marge, le personnel et l'universel.

L'artiste namibienne Tuli Mekondjo est tout
aussi radicale dans sa relecture de l'Histoire.
Elle a grandi dans un camp de réfugiés angolais
avant de retourner dans son pays natal en 1990.
La Namibie venait d'obtenir son indépendance
après des décennies de lutte. À son retour,
le traumatisme intergénérationnel de l'exil
et de la guerre a été aggravé par l'ostracisme
de ses compatriotes namibiens qui pensaient
que sa famille avait fui les combats pour
l'indépendance du pays alors qu'elle avait participé
activement au mouvement de libération de
la Swapo (South West Africa People's Organization).
Cette expérience n'a fait que renforcer la volonté
de Tuli Mekondjo d'affirmer son identité namibienne
et de s'engager dans une critique des discours
historiques – deux démarches devenues
les pierres angulaires de sa pratique.

L'identité namibienne a été fortement ébranlée
par la guerre d'indépendance (1966-1990)
et la colonisation européenne antérieure.
Les peintures monumentales en clair-obscur,
presque monochromes, de Tuli Mekondjo
déploient non seulement des scènes figuratives
magistralement exécutées usant d'éléments
symboliques namibiens, mais aussi une matérialité
signifiante. Elles intègrent des éléments
locaux tels que des photographies d'archives,
de l'argile, de la résine ou du *mahangu* (millet
perlé) – l'aliment de base national –, et
font aussi une place significative aux broderies
colorées et contrastées.

Comme chez Georgina Maxim, la généalogie
féminine joue aussi un rôle essentiel dans
l'œuvre de Tuli Mekondjo. L'artiste autodidacte
raconte que son intérêt pour la représentation
visuelle et l'art est né de l'observation des mains
usées et ridées de sa grand-mère. En outre,
la perte de sa mère à l'adolescence, associée à
l'expérience du déplacement, n'a fait que renforcer
le besoin de l'artiste de s'enraciner dans la culture
et l'histoire namibiennes. Ses peintures,
basées sur la mémoire subjective et culturelle,

37 utilisent l'extraordinaire pouvoir de guérison
et de communication que possèdent l'esthétique
et le récit. Contrairement à l'opinion commune,
l'adoption de symboles et de pratiques séculaires
n'est pas nécessairement réactionnaire. Après
tout, le présent rencontre le passé avant l'avenir.
Les peintures de Tuli Mekondjo ont recours
à une esthétique transnationale pour faire
disparaître les limites inhérentes aux taxonomies
modernes, chronologiques, géographiques
et idéologiques. Dépassant la critique, elles
éclairent l'infinité des fils et des strates
de l'être et de l'appartenance.

Page 32
Tuli Mekondjo
Oihanangolo
(White Things), 2020.
Courtesy de l'artiste
et de la galerie Guns & Rain
(Johannesbourg).

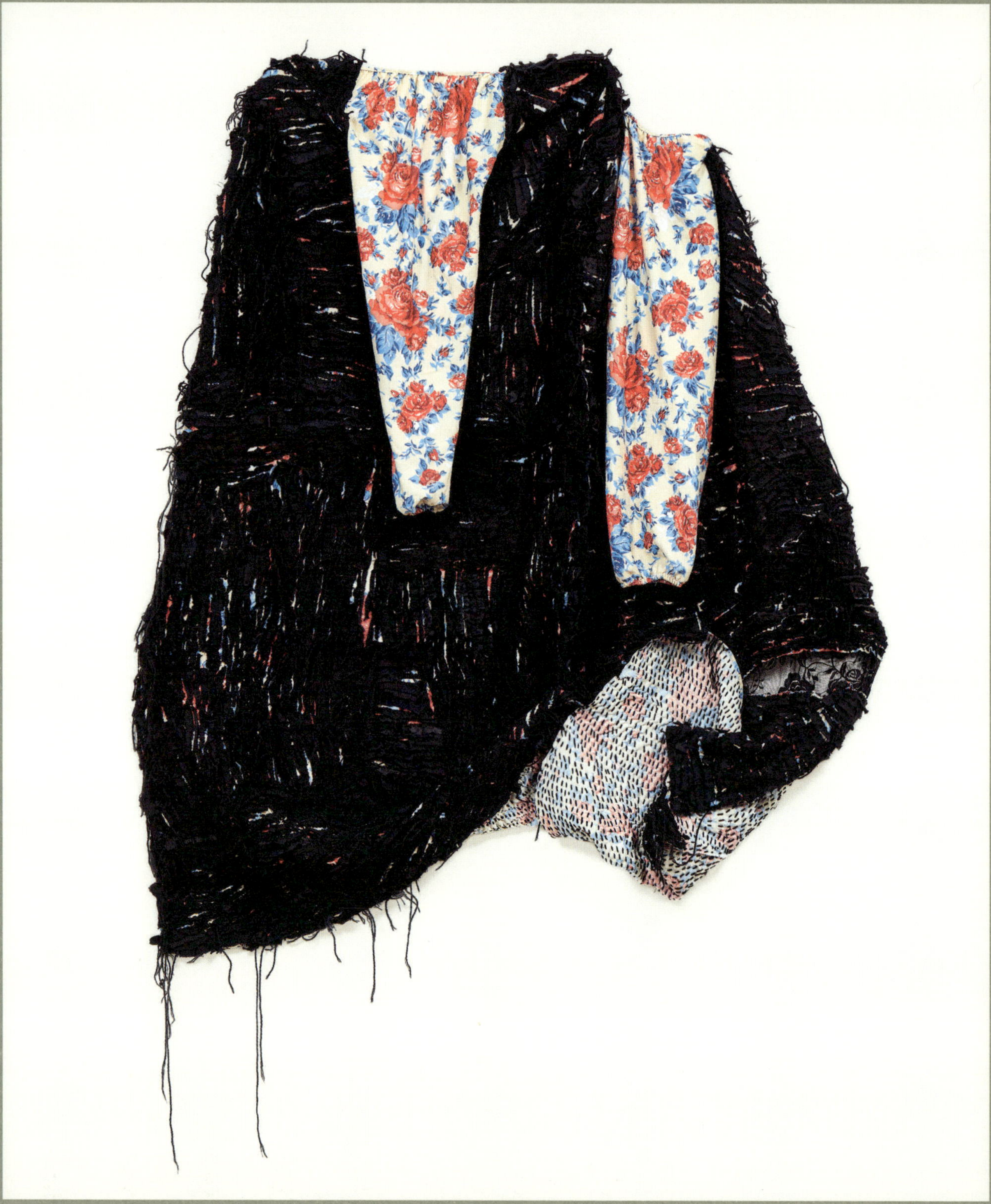

Georgina Maxim
Ane mweya wemadzinza
(She Has a Family Curse), 2020.
Courtesy de Bag Factory Art
(Johannesbourg) et de l'artiste.
Photo : Olivia Botha.

Ane mweya wemadzinza
(She Has a Family Curse), 2020.
Courtesy de 31 Project (Paris)
et de l'artiste.
Détail
Photo : © Studio Shapiro.

Interpréter le moi postcolonial et pluriel : les performances de Myriam Mihindou et Enam Gbewonyo

VALERIE BEHIERY
Riyad, juin 2020

La performance est souvent associée aux théories et aux pratiques de l'art contemporain occidental, dont elle est en effet une dimension essentielle. Cependant, la limiter à cette sphère serait faire preuve d'eurocentrisme, comme supposer que l'abstraction est un phénomène moderne et occidental. Les artistes multimédia Myriam Mihindou et Enam Gbewonyo font appel à la performance – et à l'incarnation et la connaissance expérientielle au cœur de cette pratique – pour déconstruire la binarité des approches supérieur/inférieur, nous/et/eux, inhérentes au modernisme euro-américain, et pour explorer et guérir le soi. Leur vision bifocale et biculturelle dissout les perspectives et les identités polarisées pour offrir des mémoires, des histoires et des réalités alternatives et plurielles. Les généalogies vivantes restent essentielles à l'art, malgré la volonté moderniste de rompre avec le passé, comme elles ont été déterminantes pour la réécriture féministe de l'histoire de l'art. Bien que Myriam Mihindou soit une artiste plus âgée et plus établie qu'Enam Gbewonyo, leur expérience, leur perspective et leurs approches artistiques communes révèlent la permanence et le pouvoir de la filiation.

Intrinsèquement radical au sens contemporain et étymologique du terme, le travail de Myriam Mihindou, aux médiums, significations et intentions multiples, défie toute classification. Ancré dans l'autobiographie, il explore la réalité biraciale et biculturelle de l'artiste franco-gabonaise, ainsi que son double sentiment d'appartenance et d'éloignement. Mais il transcende aussi le subjectif. Alors qu'elle étudiait les beaux-arts à Bordeaux, l'expérience de la marginalisation et d'un trouble du langage – connu sous le nom d'aphasie – l'a amenée à sortir des médiums traditionnels. Elle s'est alors tournée vers les matériaux naturels, parmi lesquels son propre corps, dont elle se sert lors de pratiques rituelles et performatives. Le traumatisme est au cœur de sa vie et de son œuvre, ancrant l'art dans une fonction de guérison et de promotion de la justice

1 Élisabeth Vedrenne, "Myriam Mihindou, l'hymne au corps", *Connaissance des arts*, 2017. Consulté en juin 2020. www.connaissancedesarts.com/art-contemporain/myriam-mihindou-lhymne-au-corps-1176948/.

2 Carl G. Jung, *Psychological Reflections: A New Anthology of his Writings 1905-1961*, East Sussex, Royaume-Uni, Routledge, Jolande Jacobi, 1998, p. 218.

sociale. L'œuvre de l'artiste ne met donc pas seulement en pratique le précepte féministe selon lequel "le personnel est politique", mais elle redéfinit également l'art, et par conséquent la vie, comme un éternel processus de réparation.

Nomade invétérée, Myriam Mihindou a passé beaucoup de temps dans d'autres pays, notamment au Maroc, en Égypte, à la Réunion et en Haïti. Partout, elle cherche à appréhender les paysages culturels, géographiques, émotionnels et psychologiques de tous ceux qu'elle rencontre. Cette capacité à porter d'autres identités et à vivre des relations interpersonnelles, non seulement de sujet à sujet, mais dans un espace holistique ou métaphysique au-delà des sujets, explique pourquoi Myriam Mihindou se définit comme une chamane.

Son travail – qu'il s'agisse de photographies, de sculptures-totems, de pièces brodées ou de performances – est parfois consciemment inspiré de traditions rituelles, du vaudou aux pratiques de guérison par les arbres de la culture normande[1]. Profondément sensible à la douleur existentielle, à l'iniquité et au mystère de la vie, Myriam Mihindou utilise son corps pour recevoir et explorer sa relation à elle-même, à la terre, aux discours sociaux et aux autres âmes, dépassant la pensée logique pour entrer dans ce qui s'appelle le "moi pluriel". Une réalité qu'exprime bien la captation vidéo de sa performance *La Robe envolée* (2008).

Par une intense gestuelle chorégraphique centrée sur ses jambes et le mouvement de ses mains qui déchirent ses bas et les renouent, accompagnée d'un monologue poétique semblable à un flux de conscience, Myriam Mihindou sonde un nombre incroyable de sujets. Ayant posé la peau et son histoire comme thème central, elle aborde ensuite le racisme, le sexisme, la féminité, la représentation, le traumatisme, les difficultés de l'incarnation, la nature de la réalité et la transformation de soi. L'œuvre, mettant habilement en scène les limites de l'esprit humain, évoque les idées de Carl Jung sur les bienfaits d'accepter "les choses irrationnelles dans notre propre psyché, qui bouleversent l'esprit conscient dans ses certitudes illusoires en le confrontant à l'énigme de son existence[2]".

La danse des bas de Myriam Mihindou nous amène tout naturellement à l'œuvre de l'artiste multimédia et performeuse ghanéo-britannique Enam Gbewonyo. Les textiles jouent un rôle important dans la mémoire culturelle et l'art de la fondatrice du collectif Black British Female Artist (BBFA). Jeune fille, Enam Gbewonyo a été impressionnée par la visite d'une communauté de tisserands dans son pays natal où elle a découvert que le tissage était lié à la fois aux rituels communautaires et au bien-être personnel. Elle a ensuite étudié le textile et travaillé comme styliste maille à New York avant de se tourner vers l'art à plein temps.

En intégrant des textiles dans ses sculptures murales et ses performances, Enam Gbewonyo poursuit ainsi la transmission culturelle, un lien important pour de nombreux artistes de la diaspora. En utilisant des collants, en particulier blancs ou de "couleur chair", son travail exprime les pressions, les réalités et l'effacement propres à la condition des Noirs qui ont grandi dans la société britannique. En raison de leur usage courant, les collants "chair" assimilent la blancheur à la normativité, tout comme le maquillage et les pigments dits "neutres", ce qui est lourd de sens pour les questions de race, de genre et de construction de soi.

Les œuvres éloquentes d'Enam Gbewonyo réalisées à partir de bas tricotés à la main ou tissés – placés au mur, au sol, sur des cadres en bois ou enroulés autour du corps de l'artiste – et accompagnées de titres évocateurs nécessitent peu de discours contextuels. Des petites œuvres comme *Invisibility Cloak* (2017) jusqu'aux pièces plus importantes comme *The Oculus /*

The Third Eye (2019), elles font clairement allusion à la politique raciale de la bonneterie et aux normes sociales occidentales. Enam Gbewonyo, qui produit également des gravures et des pièces brodées, est sans doute plus connue pour ses performances comme *Nude Me*, initialement présentée à la Biennale de Venise en 2019. Mêlant la danse à la manipulation de collants clairs et sombres, l'artiste révèle les joujs qui privent les Noirs de leur pleine individualité et s'en libère grâce à un moi incarné, guérissant des blessures causées par le sentiment d'être un "autre".

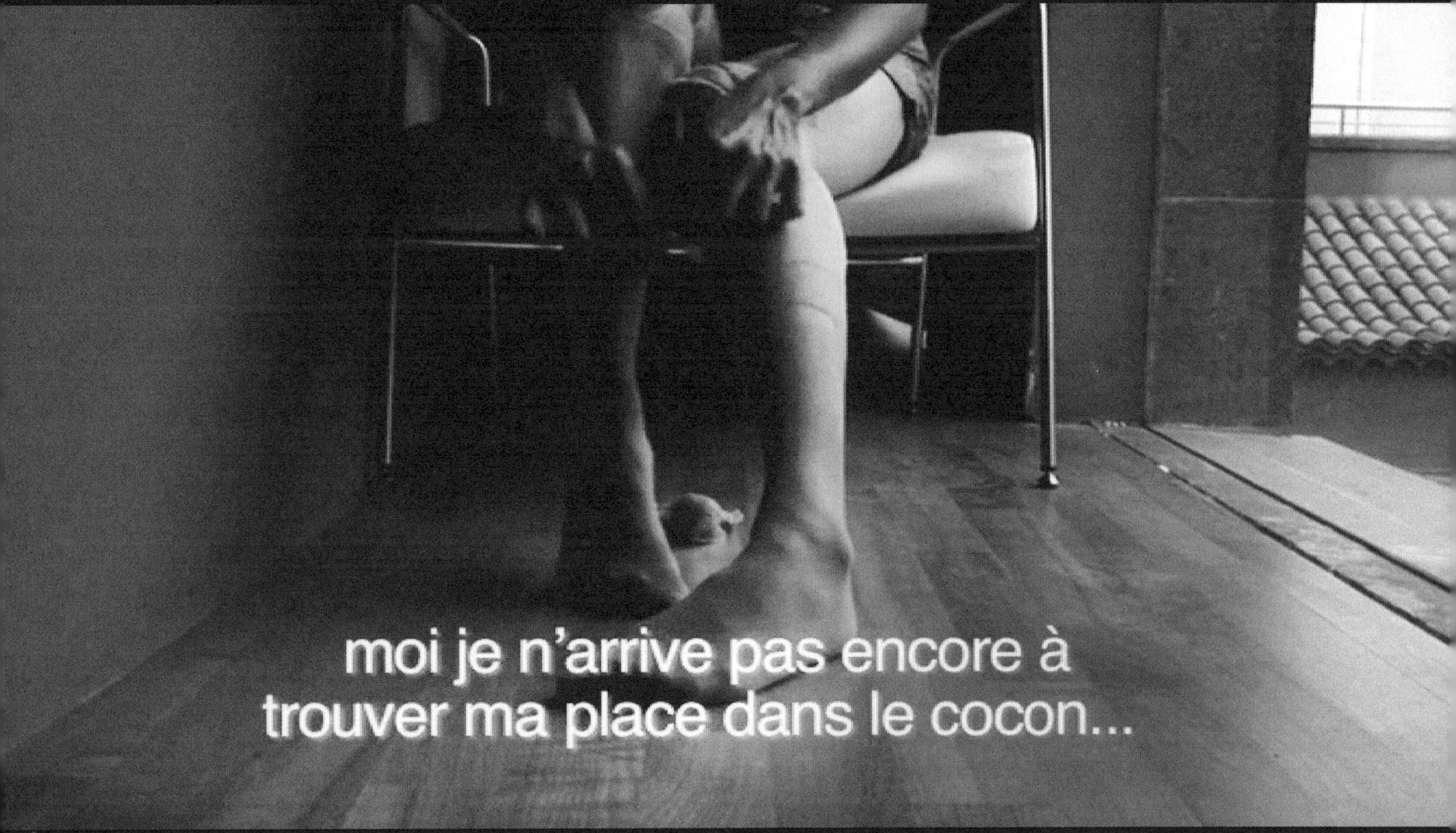

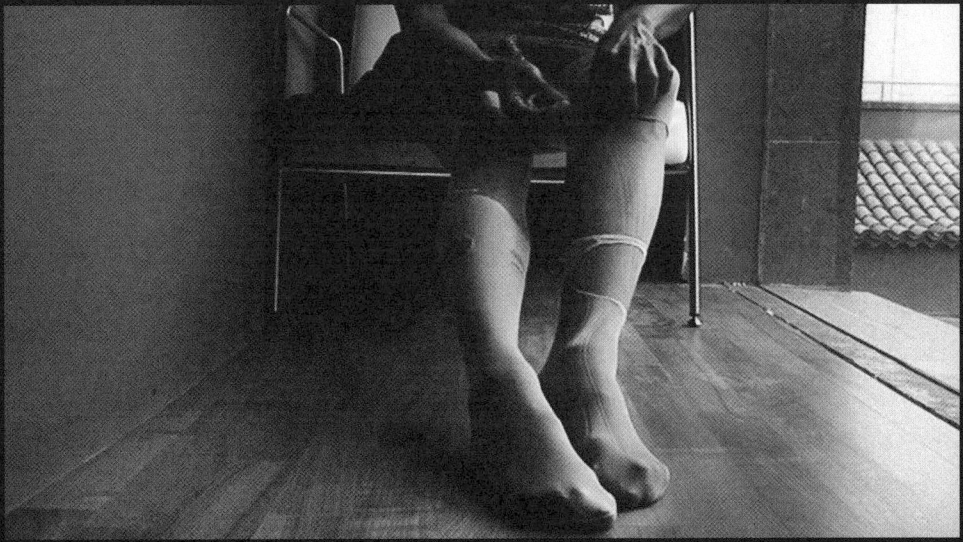

Myriam Mihindou
La Robe envolée, 2008.
Images tirées de la vidéo.
Courtesy de l'artiste
et de la galerie Maïa Muller
(Paris). © Adagp, Paris, 2020.

43

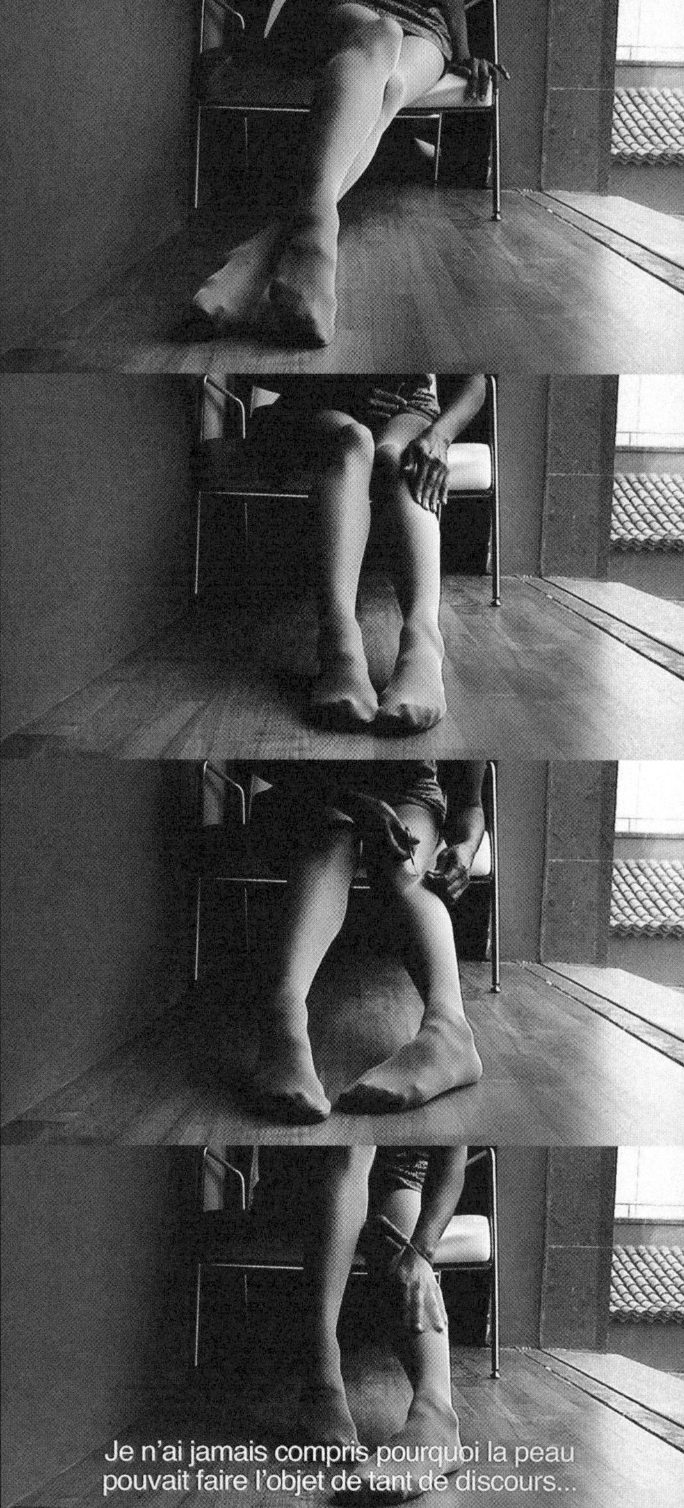

Myriam Mihindou
La Robe envolée, 2008.
Images tirées de la vidéo.
Courtesy de l'artiste
et de la galerie Maïa Muller
(Paris). © Adagp, Paris, 2020.

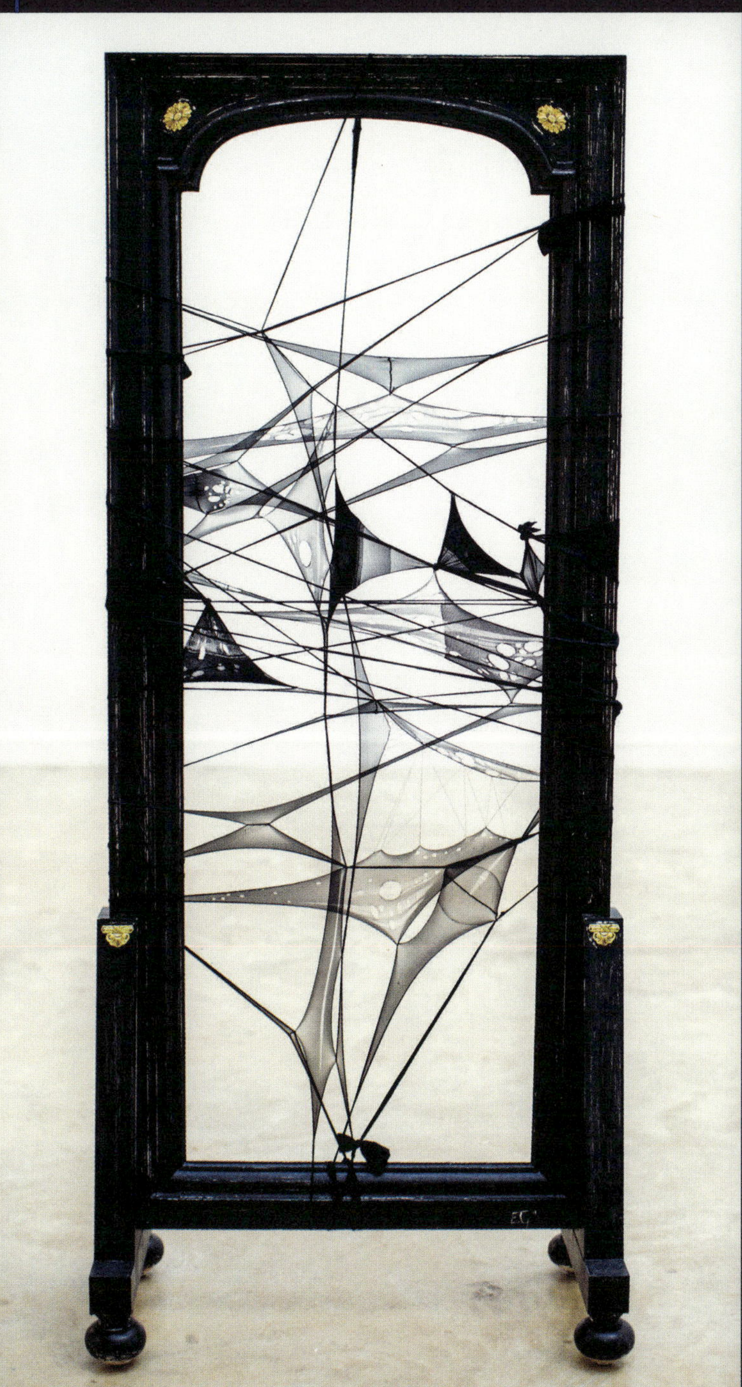

Enam Gbewonyo
In the Wake of Barely Black, 2019.
Courtesy de MTArt Agency –
ancien agent de Enam
Gbewonyo.
Photo : Jennifer Moyes.

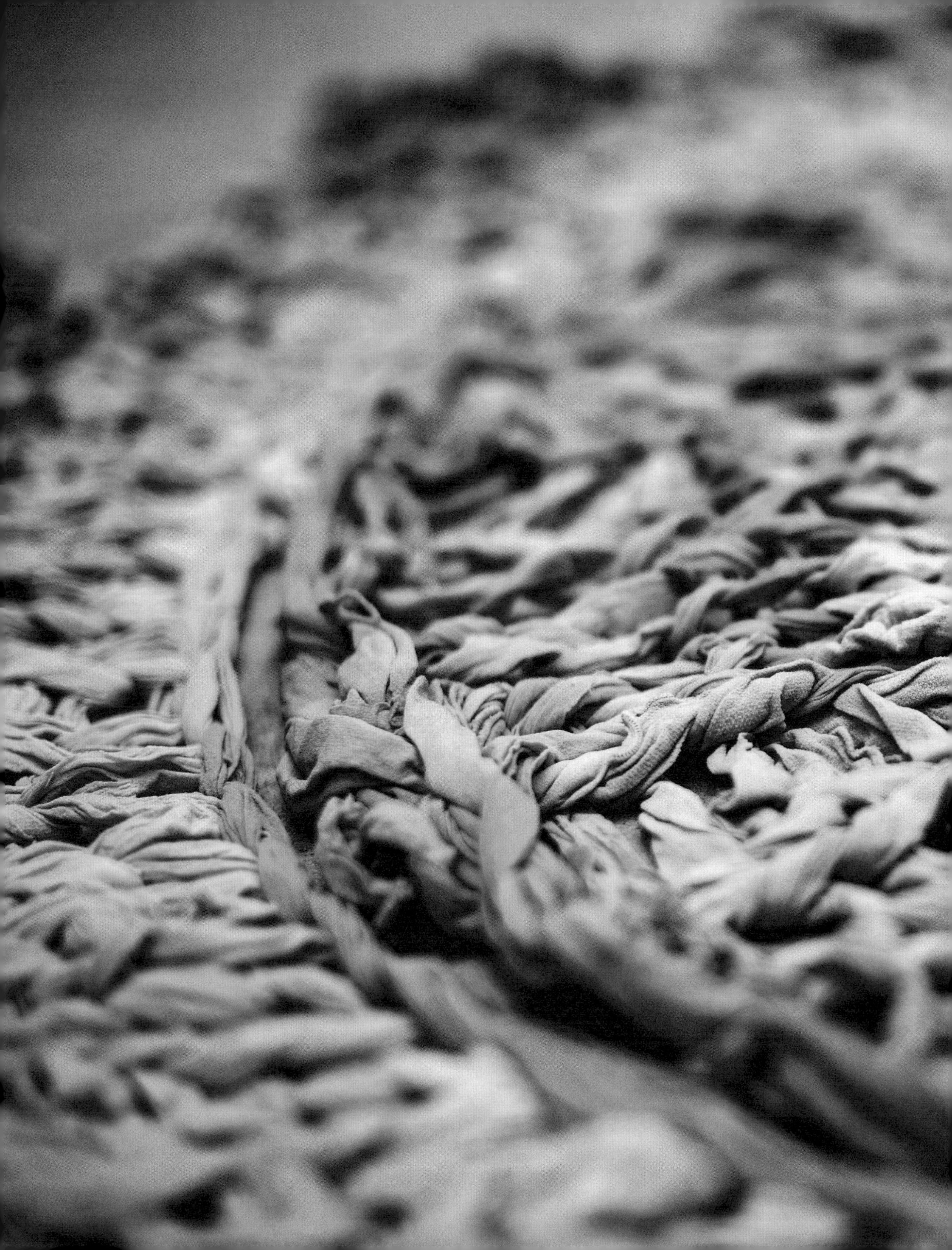

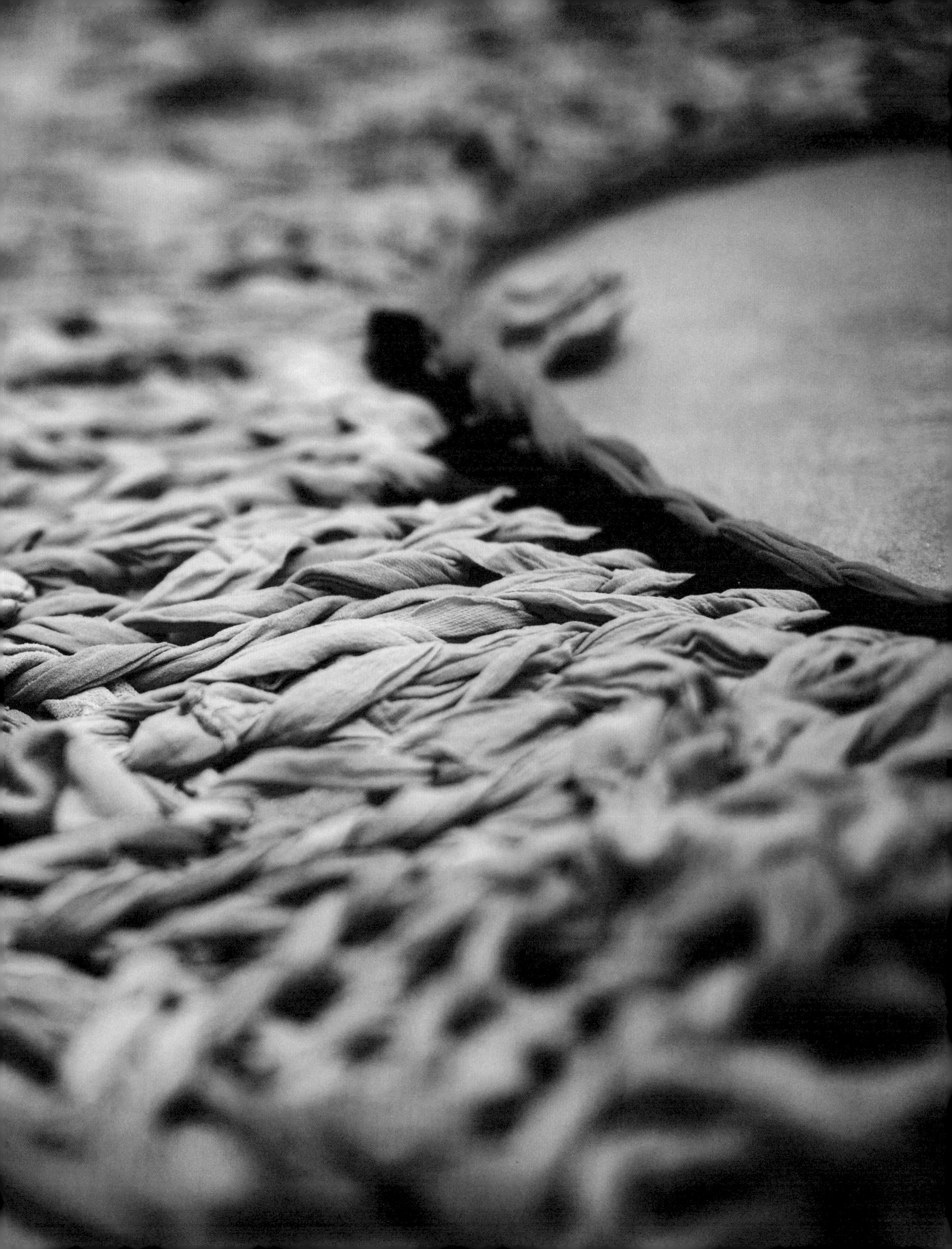

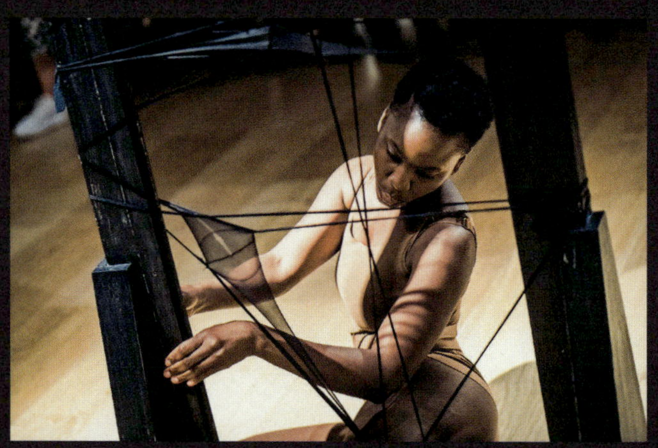

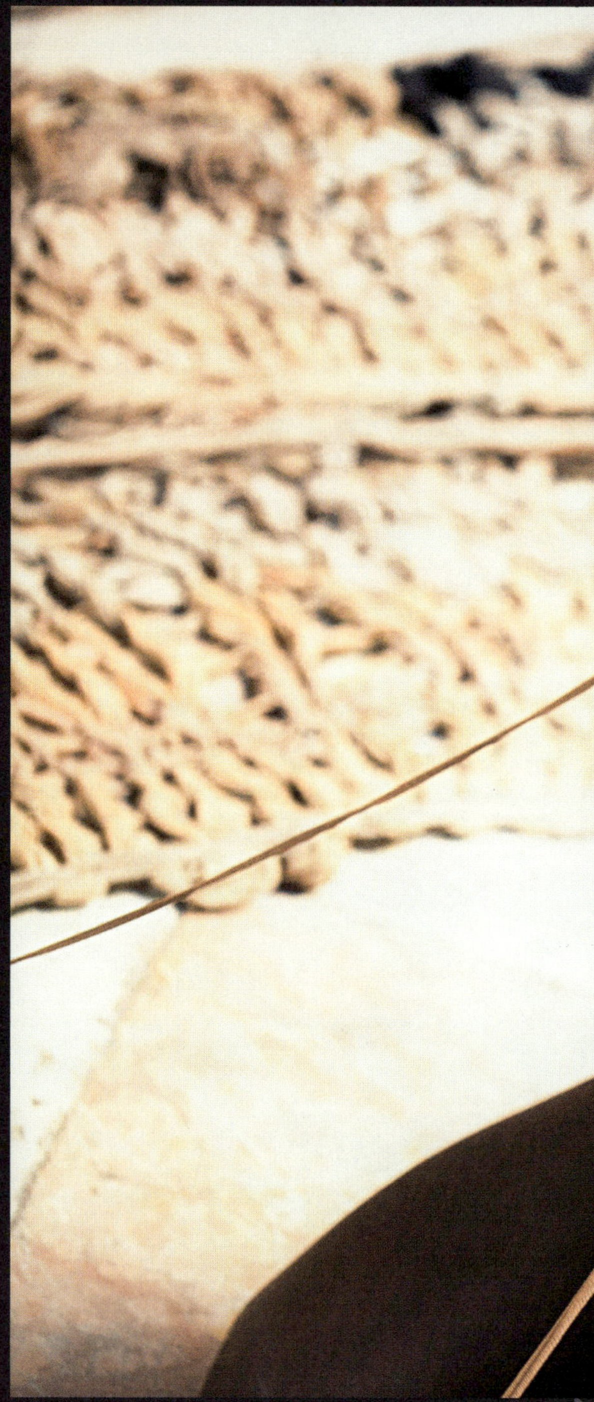

Pages 48-49
Enam Gbewonyo
Détail de *The Oculus/
The Third Eye*, 2019.
Courtesy de MTArt Agency –
ancien agent de Enam
Gbewonyo.
Photo: Jennifer Moyes.

Pages 50-51
Performances
de Enam Gbewonyo:

*"Nude Me/Under the Skin:
The Awakening of Black
Women's Visibility one
Pantyhose at a time, Part II"*
à Christie's Lates, événement
Women in the Arts, 2019.
Photo: SMD Photography.

*"Nude Me/Under the Skin:
The Awakening of Black
Women's Visibility one Pantyhose
at a time"* au Arts Territory's
The Palace of Ritual durant
la semaine d'ouverture
de la Biennale de Venise, 2019.
Photo: Michal Murawski.

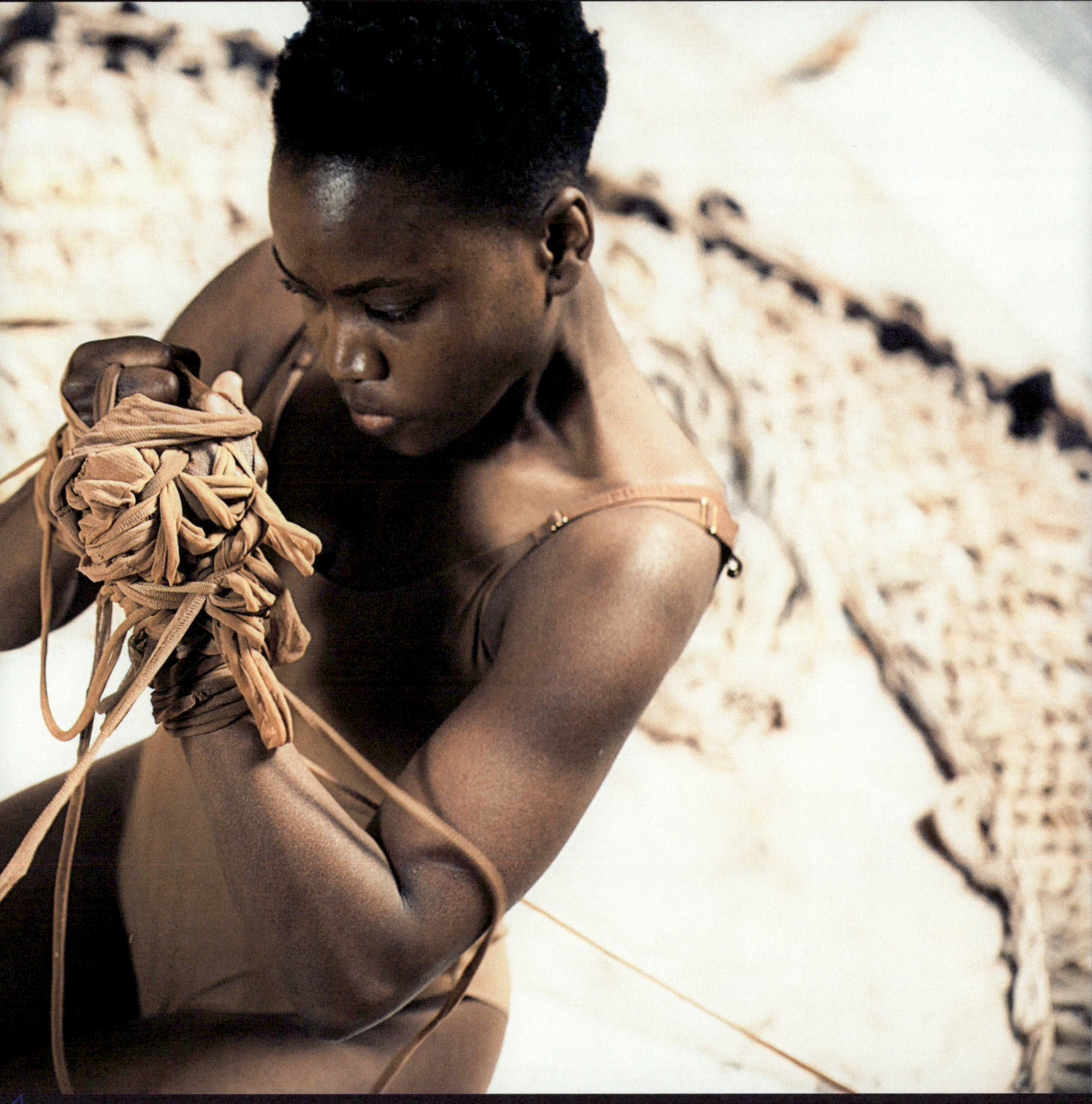

Durant la guerre d'indépendance de l'Algérie
(1954-1962), l'armée française met en place,
comme outil de contrôle, le recensement et la
carte d'identité pour les Algériens. Arrivé comme
bidasse de seconde classe sur les hauts plateaux
de Kabylie, Marc Garanger est chargé de réaliser
les photographies des cartes d'identité.
Les militaires exigent le dévoilement des femmes,
par la force si nécessaire.

Conscient de l'humiliation et de la violation
que constitue cet acte de domination
épouvantable, Marc Garanger réalise des milliers
de portraits de femmes pour témoigner
et dénoncer la guerre coloniale. Il dira: "J'ai reçu
leur regard à bout portant, premier témoin
d'une protestation muette, violente."

La série *Princesse* est inspirée des photographies
de Marc Garanger. En réinterprétant ces images
et donc ce témoignage de la guerre d'indépendance,
Dalila Dalléas Bouzar aborde non seulement
la question de la mémoire individuelle et
collective de l'histoire algérienne, mais elle sort
également ces femmes de leur rôle de victimes.

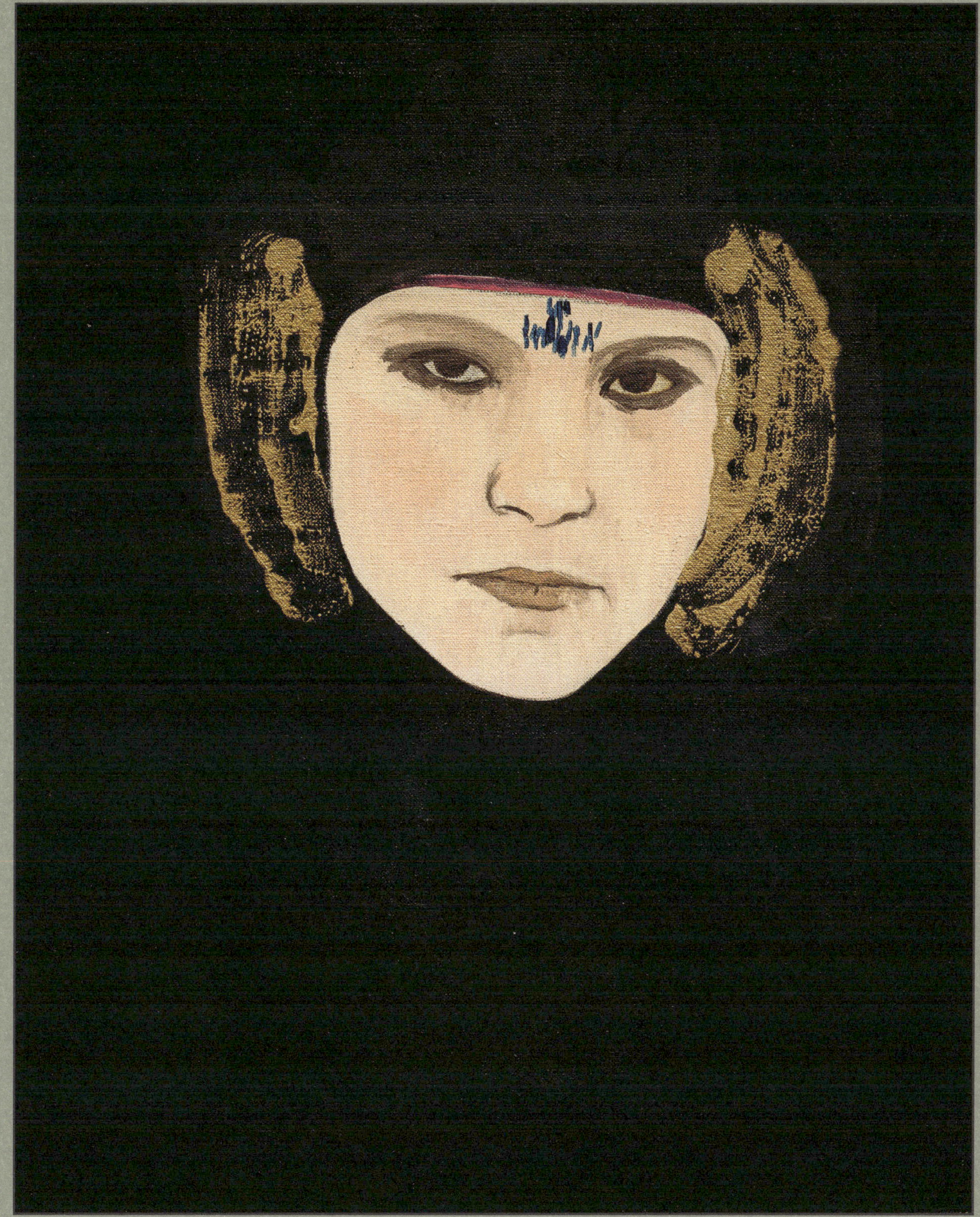

Rituel

SONIA RECASENS
Paris, juin 2020

Les Princesses
lui sont apparues
dans un rêve.

Dalila...

Dalila...

Dans la nuit noire,
des silhouettes
blanches l'appellent
et l'invitent à
les suivre jusque dans
la cour d'une maison.
Autour du feu, les voix
chantantes se défont
de leur *haik*' pour
laisser découvrir des
visages chaleureux,
complices
et déterminés.

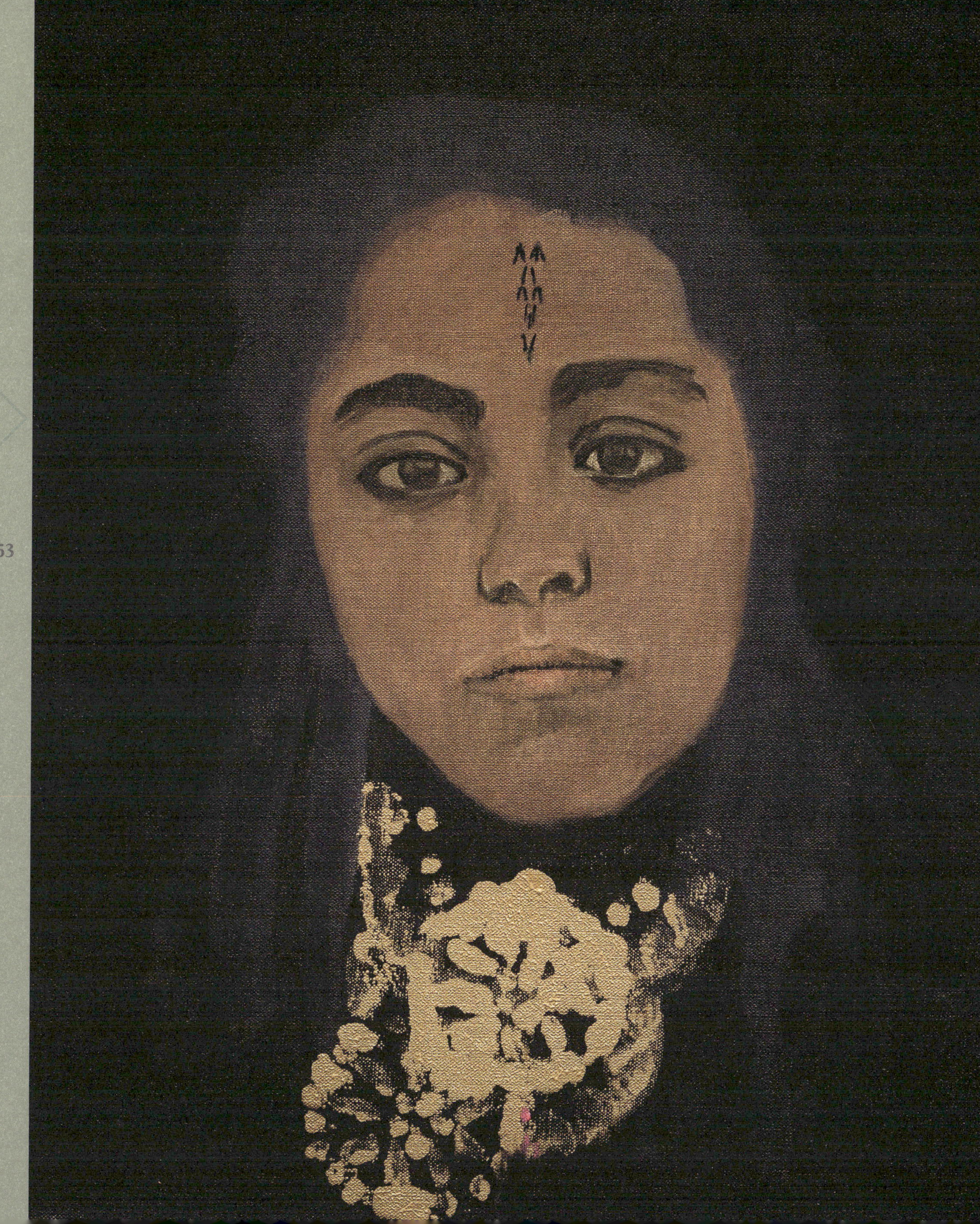

Les Princesses prennent dans leurs bras Dalila,
qui s'imprègne de leur parfum, de leur douceur
et de leur force.

"Il y a longtemps que nous t'attendons!"

Sous les étoiles, les Princesses lui ôtent
ses vêtements, avant de rincer, frotter, gommer
son corps et de l'enduire d'huile.

La toile est prête!

Des pigments sont disposés dans des mortiers.

Les Princesses trempent un bâton fin dans
un pigment noir, pour dessiner un trait au niveau
des yeux de Dalila. Le bâton s'enfonce entre
ses deux paupières.

Elle sent le pigment dans ses yeux, sur sa peau.

Avec leurs doigts, les Princesses frottent le khôl
pour l'étaler.

Ce trait noir apporte de la lumière à son visage,
de l'éclat à ses yeux, qui sont ainsi plus expressifs.

Les Princesses l'utilisent pour purifier les yeux,
pour se protéger du soleil et du mauvais œil.

Il y a peu, les Princesses ont rencontré
le mauvais œil mécanique.

Grâce à leur *haik*, elles s'en sont protégées,
en rejetant le voyeurisme de son art, en
dépossédant l'œil mécanique de son propre regard.

Désarmé, l'œil mécanique cherche l'aide
des militaires pour les dominer, les posséder
en les forçant à se dévoiler.

Les Princesses restent dignes.

L'œil mécanique ne peut salir leur beauté,
ne peut vaincre leur puissance.

El Ayacha[2]

Avec le bâton de khôl, les Princesses dessinent
des points sur les joues de Dalila, avant
de les piquer à l'aide d'une aiguille pour faire
pénétrer le pigment sous la peau.

Son sang coule un peu. Son âme est purifiée.

Dalila découvre les pouvoirs magiques
et thérapeutiques du tatouage.

Les Princesses lui confient les secrets
de ce langage symbolique.

Source de beauté et de spiritualité.

Signe de courage et de force.

Les paumes de Dalila sont recouvertes de henné.
Après quelques heures, le pigment vert a séché
pour imprimer sur sa peau une couleur orange
intense. Elle porte ses mains à son visage pour
en humer le parfum si particulier.

En regardant ses mains, Dalila pense à toutes
ces empreintes qui recouvrent les grottes
préhistoriques.

Enfin, Dalila est parée de bijoux qui forment
une armure irradiante.

L'initiation est terminée.

À présent, Dalila porte la mémoire.

Les Princesses lui montrent les pigments:

"À ton tour de peindre notre visage!

À ton tour de peindre notre puissance!"

54

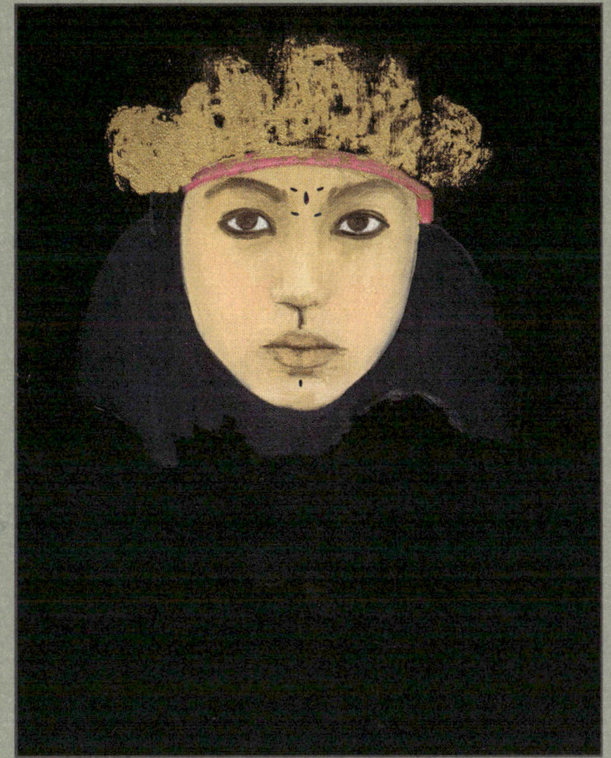
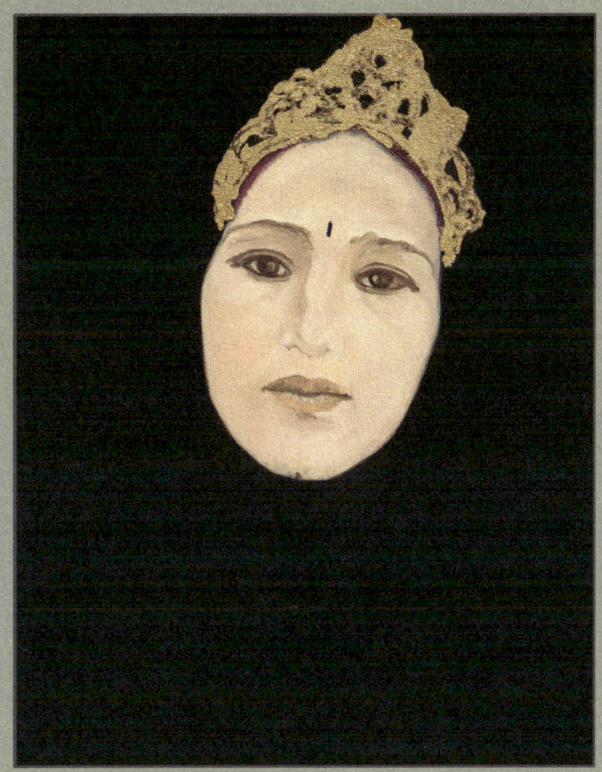

Dalila Dalléas Bouzar
Princesse, 2015-2016.
Courtesy de l'artiste et
de la galerie Cécile Fakhoury
(Abidjan, Dakar, Paris).
Photo: Grégory Copitet.
© Adagp, Paris, 2020.

1 *Haïk*: vêtement féminin
porté au Maghreb.

2 *El Ayacha*: le tatouage
"el-âyacha" ("celui qui fait
vivre") est l'un des plus
anciens rites de la culture
berbère.

Quand
la mémoire
fait œuvre
politique

*La mémoire
comme méthode:
Bouchra Khalili,
Otobong Nkanga,
Ndidi Dike*

DOMINIQUE FONTAINE
Montréal, juillet 2020

L'année 2020 n'aura pas seulement été celle
de la pandémie du siècle et du confinement mondial.
L'autre événement marquant de cette année est
sans conteste le réveil politique et social à l'échelle
mondiale du mouvement Black Lives Matter,
à l'issue du meurtre de George Floyd à Minneapolis.
Certes, personne ne saurait ignorer aujourd'hui
que cette prise de conscience à grande échelle
dévoile la réalité violente, tant contemporaine
qu'historique, de certains groupes sociaux.
Il s'agit d'une déconstruction de la vie actuelle,
de notre mémoire et de notre démocratie pour
qu'advienne un monde plus juste. Ce monde à venir
est évoqué de façon prémonitoire et critique dans
les pratiques artistiques de Bouchra Khalili,
Otobong Nkanga et Ndidi Dike.
S'il est vrai que la mémoire perpétue le passé
dans le présent, toutefois, "l'incessante confrontation
entre un passé et un présent s'impose comme
la perspective fondamentale du savoir et du récit
d'histoire", comme le dit si bien Michel de Certeau[1].
Le récit de l'histoire passée et présente, tel que
l'exposent les protagonistes des films de
Bouchra Khalili, les installations de Ndidi Dike
et les interventions de Otobong Nkanga, joue
un rôle fondamental sur le plan du réenracinement
dans une histoire, dans une géographie et une
culture spécifiquement situées[2]. Ces artistes
participent à une réactivation du passé qui permet
son dépassement.

La dimension politique des pratiques artistiques
de ces trois artistes est manifestement emblématique
de ce moment dans l'histoire de l'humanité.
Toutes trois ont en effet pris pour objet de leurs
travaux une réflexion sur les conditions du monde
actuel. Au cœur de leurs préoccupations se retrouve
la conscience historique collective ou une manière
de vivre l'histoire au présent, de révéler ou de
réveiller ce qui est enfoui dans la mémoire collective,
dans un champ de tensions: entre mémoire et
histoire. Penser l'histoire comme discours. Faire
de l'histoire une pratique artistique. Une école de
pensée militante s'y développe alors; ces pratiques
contribuent à l'écriture de l'histoire, à travers
l'autonomisation du discours, nourries par les textes
d'Édouard Glissant, Mahmoud Darwich ou
encore Aimé Césaire.
L'œuvre de Bouchra Khalili interroge les modalités
contemporaines des résistances individuelles
et collectives face à l'arbitraire du pouvoir à travers
des films, des installations, la photographie
et la sérigraphie. La dimension politique
de sa démarche est incontestable. L'exploration
des trajets migratoires, des conditions de vie
clandestine, de même que des langues et
des discours minoritaires sont tous des thèmes
récurrents qui poussent à se questionner:
Qu'est-ce que le monde, l'histoire, la politique
ou l'art? Sa trilogie vidéo, *The Speeches Series*
(2012-2013), composée de trois chapitres intitulés
Mother Tongue (2012), *Words on Streets* (2013)
et *Living Labour* (2012), exemplifie sa réflexion
autour de nouvelles formes d'appartenance
citoyenne. Chacune de ses œuvres articule une
question spécifique: la langue, la citoyenneté,
le travail. Vue dans son intégralité, *The Speeches
Series* expose de façon éloquente le migrant
contemporain comme sujet politique et donne
la parole aux exclus, leur permettant de gagner
en agentivité. Et c'est ce que cette trilogie
donne à voir: la réalité et la lutte, à la fois
contemporaines et historiques du migrant, telles
qu'elles s'incarnent par la parole. S'y révèlent
les processus par lesquels les marginalisés
réussissent à agir en exprimant leur position.

Le travail de Otobong Nkanga explore aussi
l'histoire sociale et politique du colonialisme,
de même que les relations entre l'Afrique et le
monde occidental. Sa pratique multidisciplinaire
s'incarne dans le dessin, la photographie,
l'installation, la vidéo et la performance. Dans
ses œuvres, l'interconnexion entre l'environnement,
l'architecture et l'histoire vise à favoriser
une réflexion sur l'espace géographique ainsi que
les réalités politiques, économiques, sociales et
culturelles en relation, notamment, avec des
matières premières. Dans la série photographique
The Currency Affair & War and Love Booty (2011-
2016), qui est en réalité une œuvre performative,
l'artiste choisit d'associer des éléments issus de
la collection d'objets ethnographiques en provenance
d'Afrique du Weltkulturen Museum de Francfort,
dont les fonctions se chevauchent : monnaies,
armes et bijoux, pour produire de nouvelles œuvres,
interrogeant ainsi la valeur accordée à ces objets.
Son œuvre *There's Only so Much a Neck Can Carry*,
(2011-2012), qui fait quant à elle référence
au *kanga* (tissu commémoratif d'Afrique de l'Est
utilisé pour raconter une histoire ou comme
outil politique), est aussi une métaphore
de la richesse. Cette œuvre-commentaire, dont
le titre est tiré d'un proverbe, indique que la notion
de richesse est très fragile[3]. Tout comme la limite
du poids qu'un cou peut tolérer. Le motif du
collier sur le *kanga* de Nkanga traite du point
de débordement de l'excès de richesses accumulées
par les empires ou différents types d'institutions.
Par ailleurs, l'hétérogénéité radicale de
la pratique artistique de Ndidi Dike décrit
des constellations et des espaces, notamment
les hiérarchies, relations et conciliations
entre les êtres humains et les objets matériels.
Une pratique transversale qui oscille
entre l'installation, la sculpture et la vidéo,
explorant ainsi diverses thématiques :
l'esclavage, les migrations transfrontalières
ou le multiculturalisme. Elle s'intéresse
également au lien entre consumérisme
et urbanisme, à la culture visuelle nigériane
et à l'histoire de l'art. Son œuvre prend

ses racines dans les études postcoloniales,
les notions d'identité et les enjeux politiques
contemporains.
Dans le travail de Ndidi Dike, les réalités
migratoires telles que nous les connaissons
maintenant et le fait historique de la traite
transatlantique forment le sujet de son installation
*Constellations – Floating Space, Motion and
Remembrance*. Cette œuvre en plusieurs parties
pourrait se lire comme un monument à la mémoire
des victimes de la traite négrière et de la crise
migratoire qui sévit en mer Méditerranée.
Les œuvres de Khalili, de Nkanga et de Dike
nous font découvrir des récits singuliers
et des éléments de l'histoire collective, interrogeant
ainsi les relations complexes entre subjectivité
et prises de position civiques pour penser le monde
à venir. Les thèmes de nature politique y sont
principalement intégrés dans des combinaisons
poétiques de récits, souvenirs et concepts
autobiographiques et collectifs.
Défier l'amnésie. Rendre visibles les luttes
et les rébellions, historiques ou actuelles,
en les ancrant dans le présent. Relire les narratifs
des résistances politiques. Ainsi résonnent
ces paroles d'Aimé Césaire dans l'œuvre militante
de Bouchra Khalili, Otobong Nkanga et Ndidi Dike :
"Nous sommes de ceux qui refusent d'oublier.
Nous sommes de ceux qui refusent l'amnésie
même comme méthode[4]."

1 Michel de Certeau,
L'Écriture de l'histoire, Paris,
Gallimard, 1975, p. 46.

2 Ce terme fait référence
à la notion des "savoirs situés"
proposée par Donna Haraway
dans *Manifeste cyborg et autres
essais*, Paris, Exils, 2007.

3 En se référant au cou comme
outil de mesure pour évaluer
sa capacité à supporter une
charge, le proverbe en question
dénonce les limites de toute
forme de pression continue.
Cf. *Objects Atlas*, 2011, dossier
de la galerie In Situ – fabienne
leclerc.

4 Aimé Césaire, *Discours sur
le colonialisme, suivi de Discours
sur la négritude*, Paris, Présence
africaine, 1955 et 2004, p. 91.

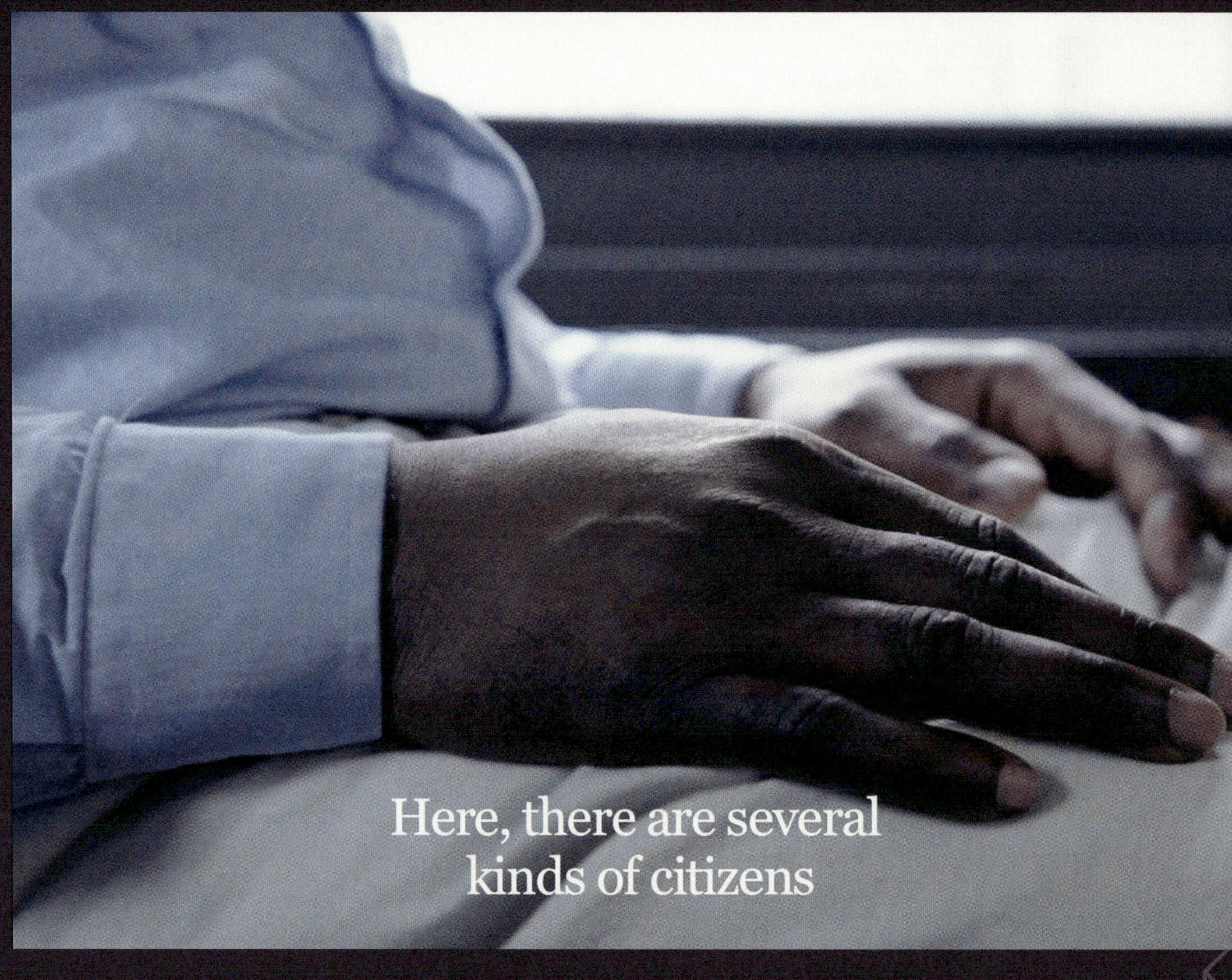

60

Bouchra Khalili
The Speeches Series – Chapter 3:
Living Labour, 2012.
Image tirée du film
The Speeches Series (2012-2013).
Courtesy de l'artiste et
de la galerie Mor Charpentier
(Paris). © Adagp, Paris, 2020.

The Speeches Series – Chapter 2:
Words on Streets, 2013.
Image tirée du film
The Speeches Series (2012-2013).
Courtesy de l'artiste et
de la galerie Mor Charpentier
(Paris). Photo : Haupt & Binder.
© Adagp, Paris, 2020.

The Speeches Series – Chapter 1:
Mother Tongue, 2012.
Image tirée du film
The Speeches Series (2012-2013).
Courtesy de l'artiste et
de la galerie Mor Charpentier
(Paris).
© Adagp, Paris, 2020.

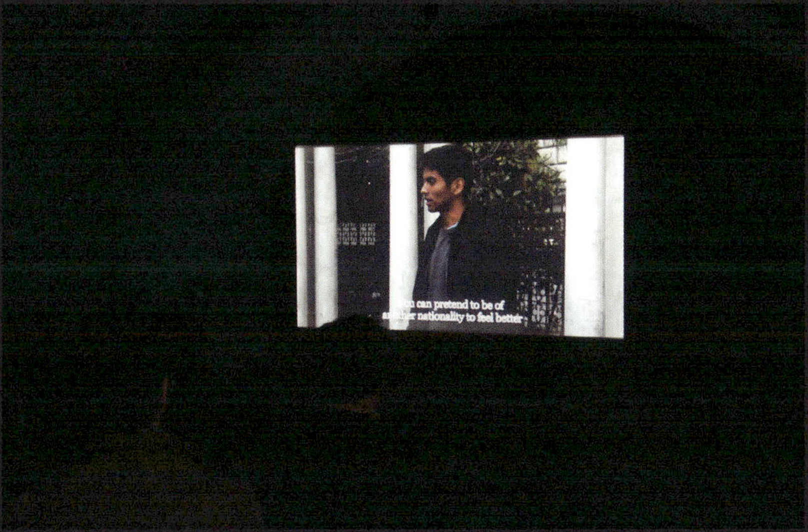

can pretend to be of
another nationality to feel better.

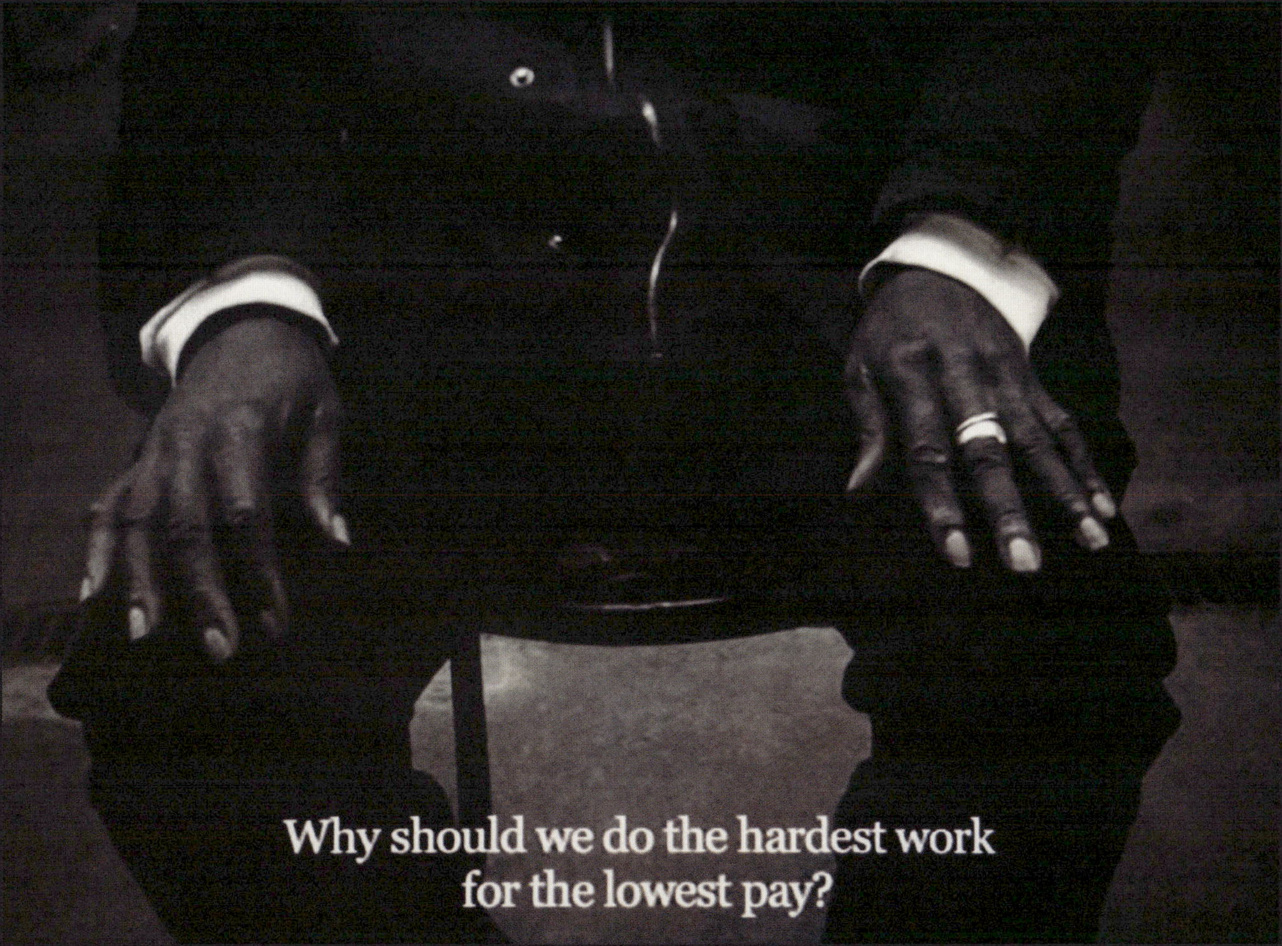

Why should we do the hardest work
for the lowest pay?

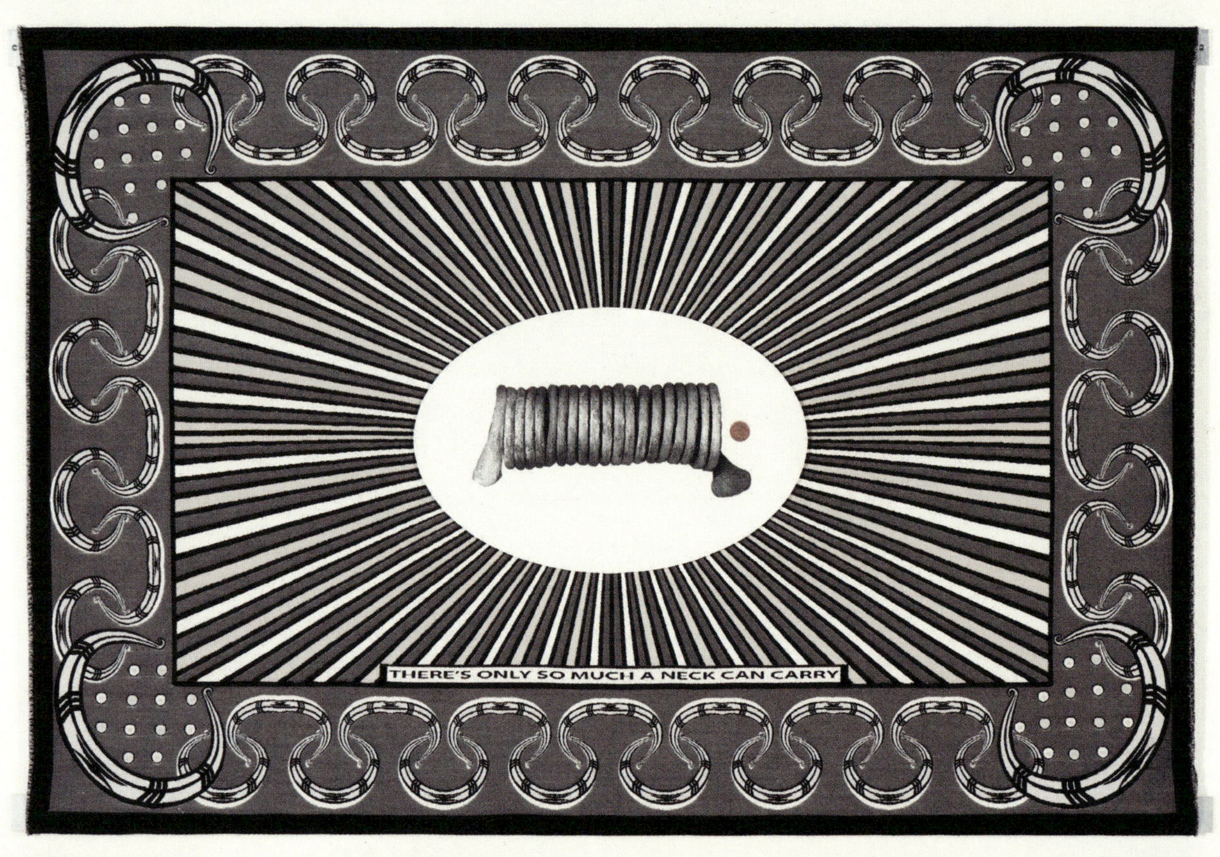

Otobong Nkanga
There's Only so Much a Neck Can Carry, 2011-2012.
Courtesy du Frac
Nouvelle-Aquitaine MÉCA.

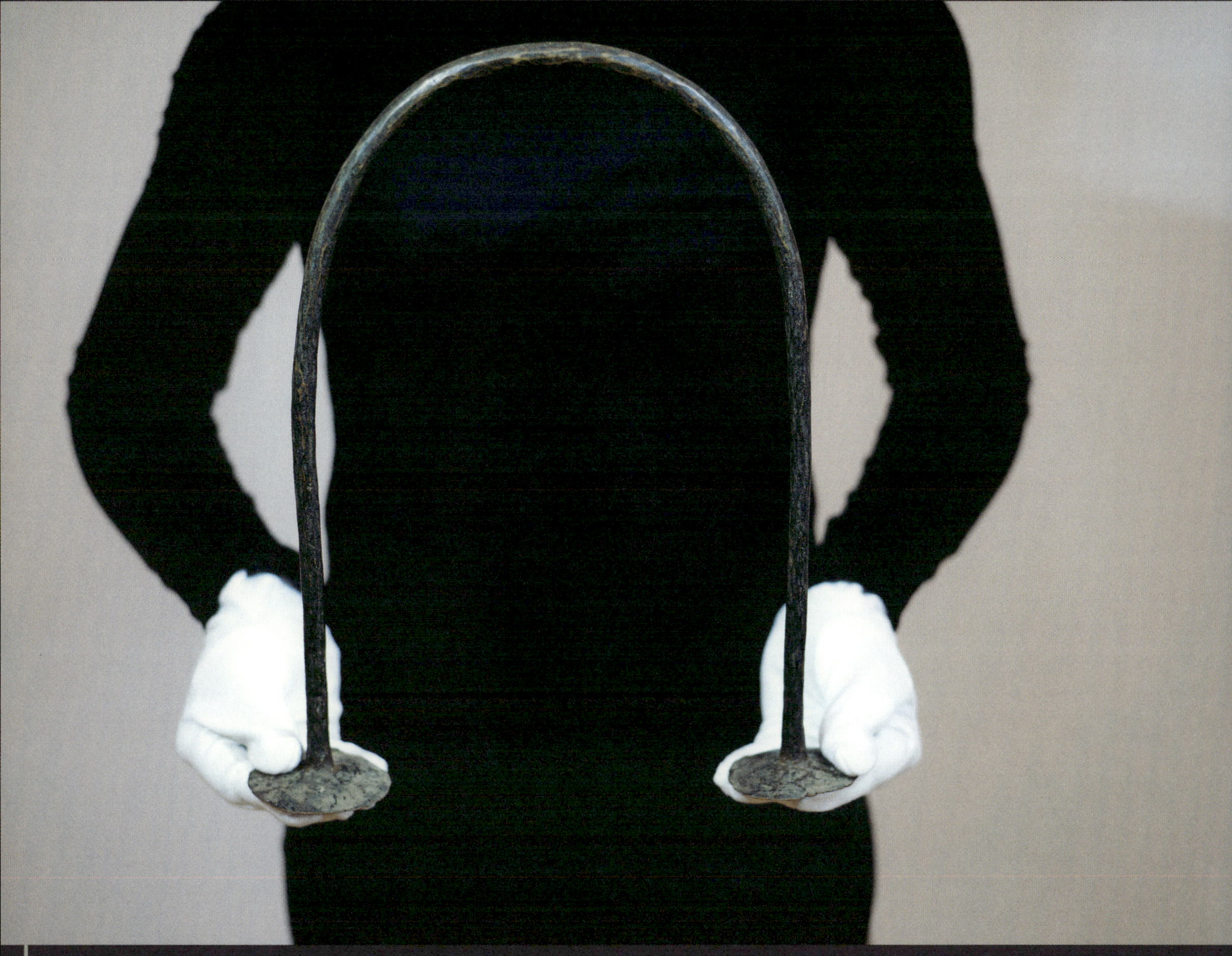

Otobong Nkanga
Currency Affair:
Kusu, 2011-2016.
Courtesy de l'artiste
et de la galerie
In Situ – fabienne leclerc
(Grand Paris).

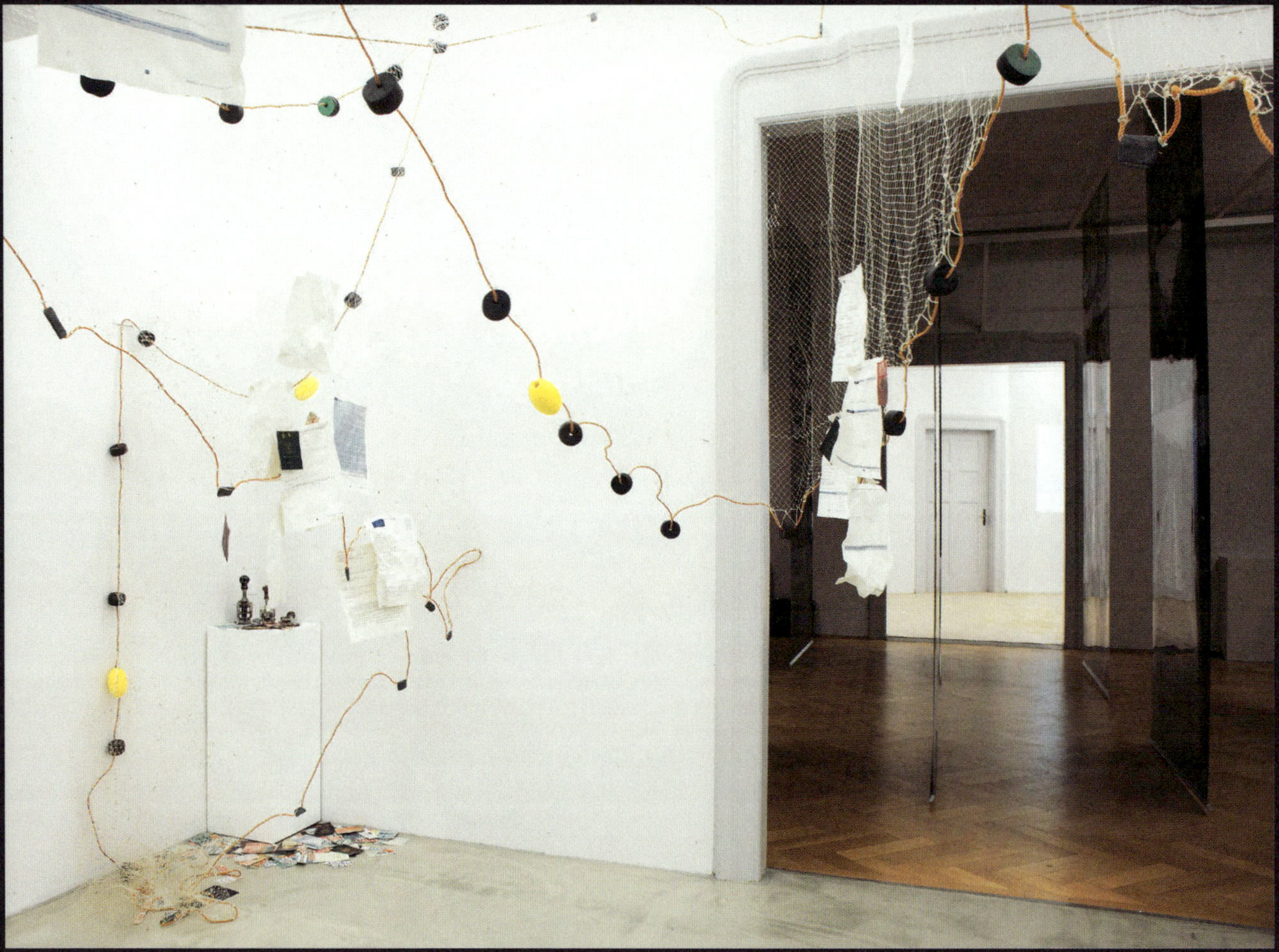

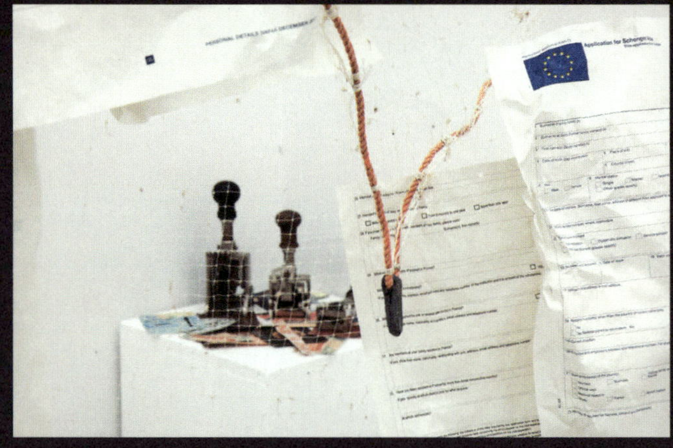

Ndidi Dike
*Constellations Floating Space
And Remembrance – Bureaucracy,
Barriers and Exclusion*, 2017.
Œuvre et détail.
Courtesy de l'artiste.
Photo: Sabine Linn.

*Constellations Floating Space
And Remembrance – Archival
Cartographic Realities*, 2016.
Courtesy de l'artiste.
Photo: Sabine Linn.

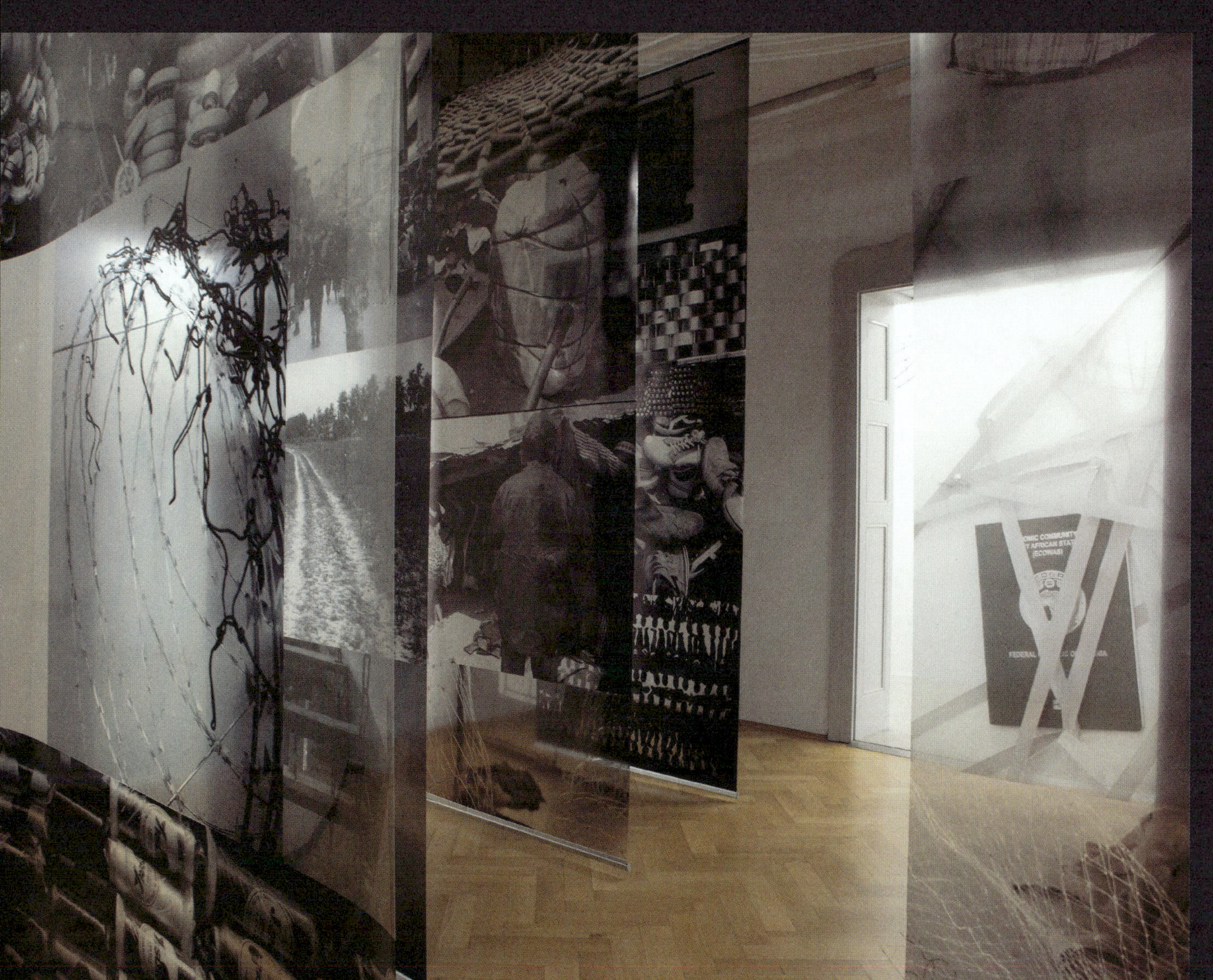

Imaginary Dialogue

CHRIS CYRILLE
Paris, juin 2020

"Il y a des morts
qui sommeillent dans
des chambres que
vous bâtirez. Des morts
qui visitent leur passé
dans les lieux que
vous démolissez.
Des morts qui passent
sur les ponts que vous
construirez. Et il y a
des morts qui éclairent
la nuit des papillons,
qui arrivent à l'aube
pour prendre le
thé avec vous, calmes
tels que vos fusils
les abandonnèrent.

1 Mahmoud Darwich,
Anthologie (1992-2005),
édition bilingue, Arles,
Actes Sud, 2009, p. 91.

Laissez donc,
Ô invités du lieu,
quelques sièges libres
pour les hôtes, qu'ils
vous donnent lecture
des conditions de la
paix avec les défunts[1]."

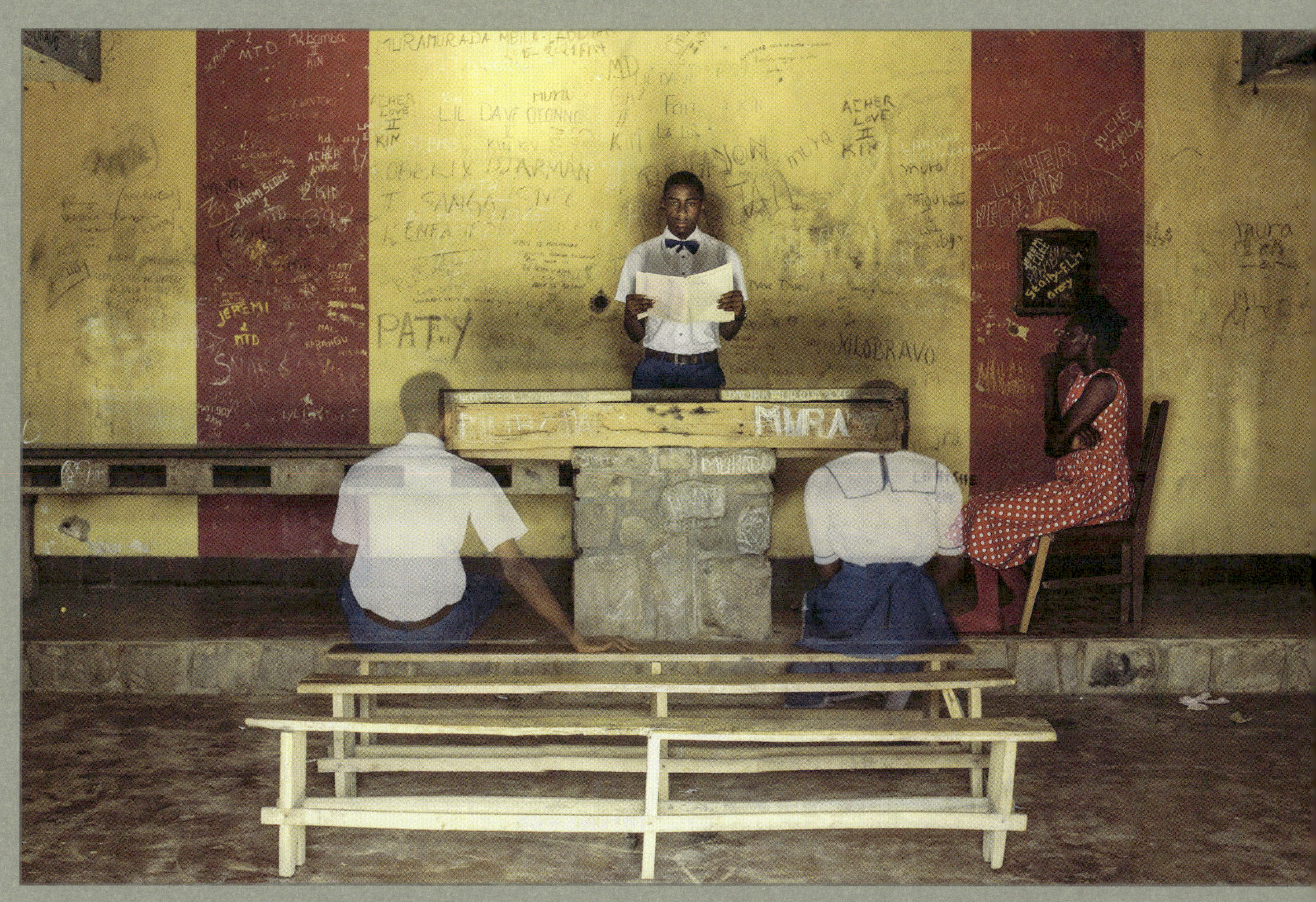

— Répéter, nous continuons à nous répéter
que la mémoire est le lieu. Et lui qui, cherchant
l'authenticité, n'est tombé que sur l'inauthentique.

— De quoi parles-tu ? *Ozali ko* radoter *lisusu*[2]...

— Je parle de l'École centrale, lorsque nous étions
encore élèves à Gombe-Matadi. Tu sais que
maintenant l'école est totalement abandonnée ?

— C'est bien ce que je disais, tu radotes...
Oui, je me rappelle.

— Eh bien, je me disais que cette école – et
tant d'autres encore – est notre mémoire.
Là où le récit national ment effrontément, le lieu
dépouillé révèle une mémoire en avalanche de
lames, celle d'un marquage des corps et de leur
"évangélisation" par le pouvoir colonial, par
les missionnaires – ces "appelés" – qui n'avaient
strictement rien à nous dire sur "l'Afrique[3]".
Elle est aussi mémoire de ce temps postcolonial
de l'identité monolithique ; de révoltes populaires
et estudiantines matées, de corps condamnés
aux brumes des morts – et ce temps que
nous vivons aujourd'hui, est-il si différent
de ces autres temps ?

— J'aimais bien cette école moi, c'était notre fierté.
Je me souviens lorsque nous devions nous ranger
avant de rentrer en classe, avec nos uniformes
bleus et le professeur qui comptait, surveillait.
Et je me souviens de nos punitions où nous devions
balayer jusqu'à ce que l'on nous dise d'arrêter,
de nos moments de lecture ou de méditation,
de nos cours et de nos amis, de nos jeux
et de nos échappées.

— Je me souviens de tout ça... Tu sais... parfois...
Je voudrais me densifier, faire corps avec
moi-même et les autres. Je voudrais qu'à partir
d'une silhouette qui est lumière sous l'appareil,
émerge la sensation d'un corps résolument mien
et net. Je rêve parfois de sortir de ces imprécisions
focales pour exister. Je rêve qu'à partir d'une

reconstitution, d'une dramaturgie du souvenir,
émerge une nouvelle constitution qui vaudra
pour le monde entier. Nos situations valent
ici pour toutes et tous et aucun des drames ni
des scandales de ce pays ne mourra étouffé
dans les soies argentées de l'ignorance. Non !

— *Stop dreaming and start doing*[4] !

— Tu parles anglais toi maintenant... ?

— Ne fais pas attention. Regarde plutôt les photos
de Gosette Lubondo. Nous sommes ici dans
un catalogue d'exposition et tes rêveries sont
un peu "hors sujet"... Fais plutôt ton boulot de
critique et arrête de mentir. Reprenons. Je trouve
dans les photographies de l'artiste une négociation
des temps – toi qui parlais de temps. D'un côté,
il y a ce rappel d'un temps colonial, comme
tu l'avais noté, et de l'autre, il y a cette juste
prescience d'une inauthenticité des temps
et de leur constante renégociation pour et par
les générations futures. Il n'y a pas de passé
pur, ni de futur pur. Les temps se fondent
et se confondent dans l'image photographique.

— Oui, exact. Les images frontales de la série
Imaginary Trip II semblent rejouer des souvenirs
fictifs (tout souvenir n'est-il pas déjà et relativement
fictif[5] ?). Ces photographies jouent à froisser
le temps comme tu sembles le dire. Elles n'ont
pas de valeur strictement documentaire
ou objective. Elles ne disent pas "voilà ce que
c'était", mais plutôt "voilà ce que ça aurait pu être !".
Le temps devient presque mystique avec ces
spectres – ces "ceux d'avant nous" – qui errent
dans l'école et qui semblent apparaître comme
des présences redoublant celle du personnage en
robe rouge – et voilà que je délire, j'ai l'impression
que ces photographies sont entre deux mondes,
au couteau de l'existant, qu'elles mêlent l'envers
et l'endroit et qu'elles redeviennent non pas purs
reflets du sensible mais captations fantomales
du réel en désordonnant le temps. Regarde ces
silhouettes qui hantent l'école, regarde ces souvenirs

hallucinés... Et ce personnage en robe rouge,
ce personnage qui est toujours là. T'as remarqué ?

— C'est probablement l'artiste au milieu de tous
ces fantômes... L'une joue le rôle du professeur
ou du personnel et les autres jouent les élèves.

— Tu as toujours eu l'œil juste. Le souvenir
est souvenir du corps, de paroles rapportées,
de mots entendus, d'histoires racontées par
nos mères et nos pères – on continue de conter,
fabuler. Pour finir, car notre dialogue touche
à sa fin, j'aimerais te parler d'imagination.
Gosette Lubondo imagine des souvenirs, elle met
en scène des voyages. Qu'ils soient fictifs ou non,
là n'est pas la question. L'important dans ces
photographies est la théâtralisation, l'imagination
d'un lieu qui redevient pour nous une école,
notre fierté, notre mémoire partagée. Nulle politique
à ajouter à cette politique qu'est l'imagination
et qui n'est pas de retour mais de possibles...
Tu as entendu ? J'ai cru entendre un bruit...

— L'œuvre, elle arrive ! Au final, nous n'aurons
rien dit de fondamentalement nouveau ou original.
Le lieu, le temps et l'imagination. Et je suis d'accord
avec toi sur l'imagination et sa force. J'aimerais
ajouter qu'ici, le temps comme l'imagination,
tout tourne autour de ce lieu, de cette école qui
a été le théâtre des récits nationaux mais aussi
de contre-récits, comme ici, avec ces photographies
qui racontent une autre histoire de cette école.
Ce ne sont pas les temps coloniaux qui hantent,
ce sont nos contre-récits qui n'arrêtent pas
de les hanter. Attention, l'œuvre arrive... Silence !

◇

2 "Tu es encore en train
de radoter", en langue lingala.

3 Valentin-Yves Mudimbe,
L'Odeur du père, Paris,
Présence Africaine, 1982,
p. 67 : "[...] le missionnaire
n'a, en réalité, strictement rien
à communiquer, n'a aucune
révélation à dévoiler qui ne
soit pas essentiellement de
l'ordre des acquis de sa propre
expérience humaine."

4 "Arrête de rêver et
commence à agir !"

5 Achille Mbembe, *Critique
de la raison nègre*, Paris,
La Découverte, coll.
"Cahiers libres", 2013, p. 193 :
"Un régime d'échange existe
entre l'imaginaire et le réel
si toutefois une telle distinction
a un sens. Car, au fond,
l'un sert à produire l'autre.
L'un s'articule à l'autre,
peut être converti en l'autre
et *vice versa*."

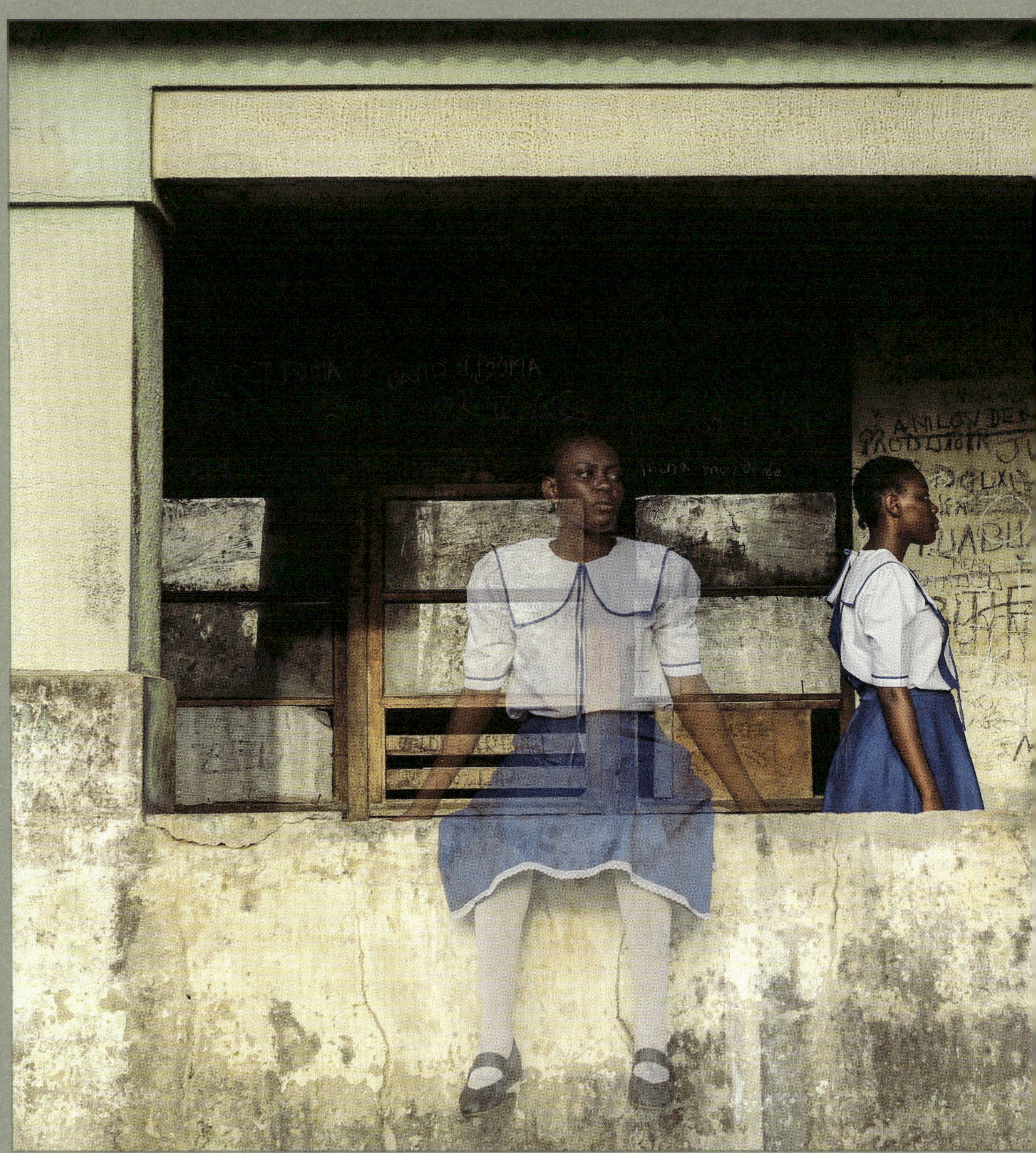

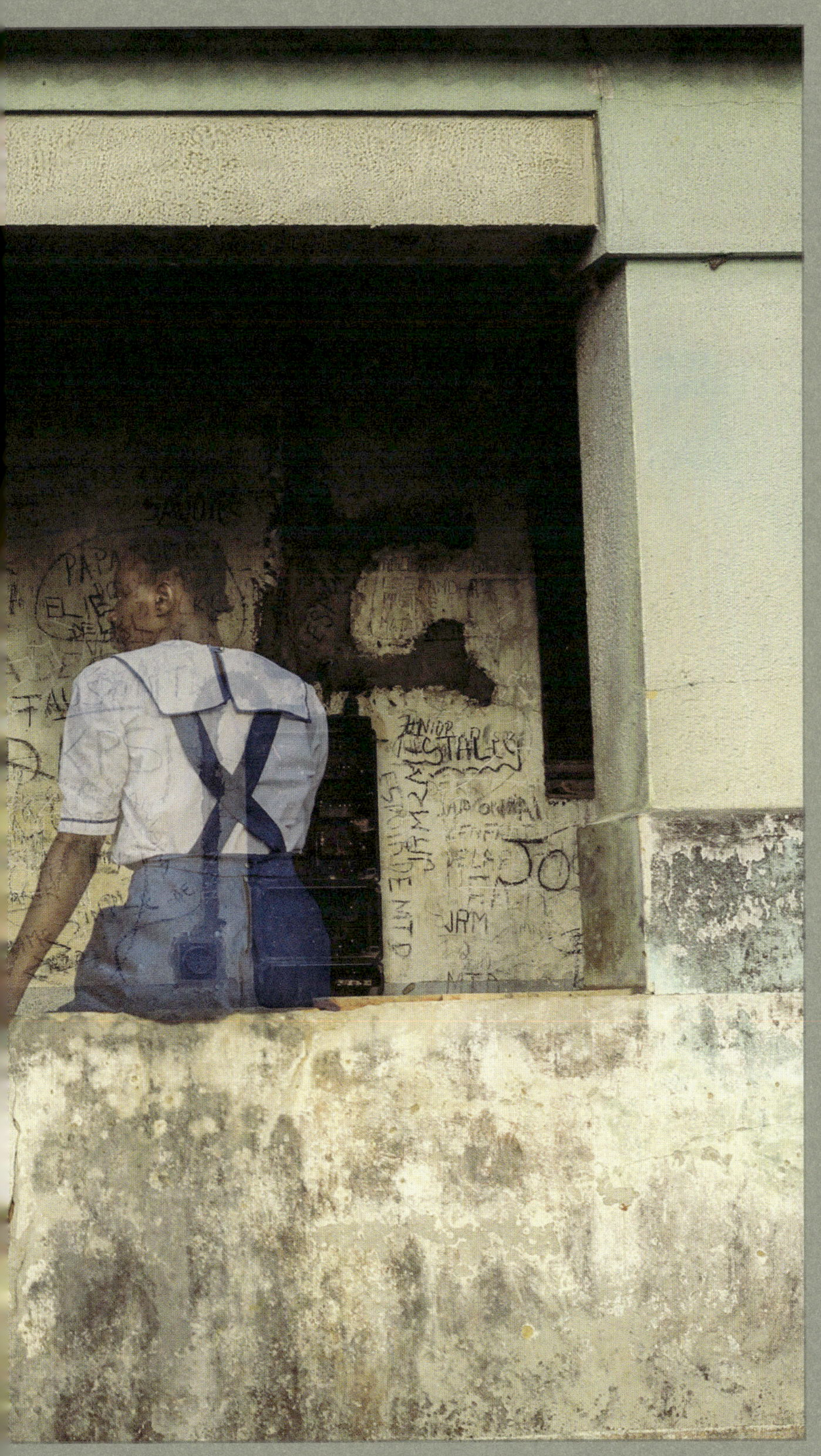

Gosette Lubondo
Imaginary Trip II, 2017.
© musée du quai Branly –
Jacques Chirac, Dist. RMN-
Grand Palais / image musée
du quai Branly – Jacques Chirac

Fabulation, fictions, et autres imaginaires : la mémoire en marche

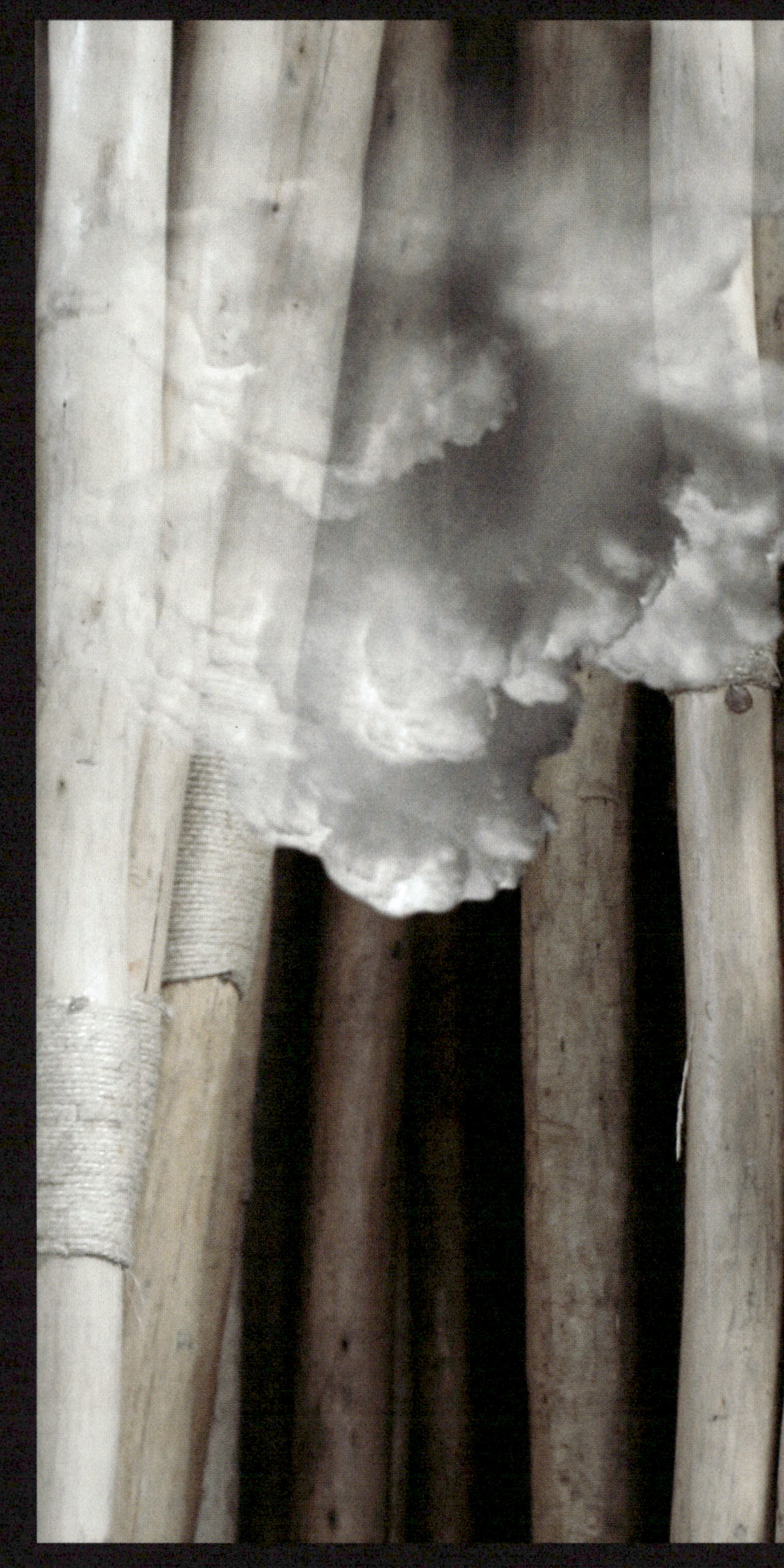

Selly Raby Kane, 2017
Courtesy de Selly Raby Kane

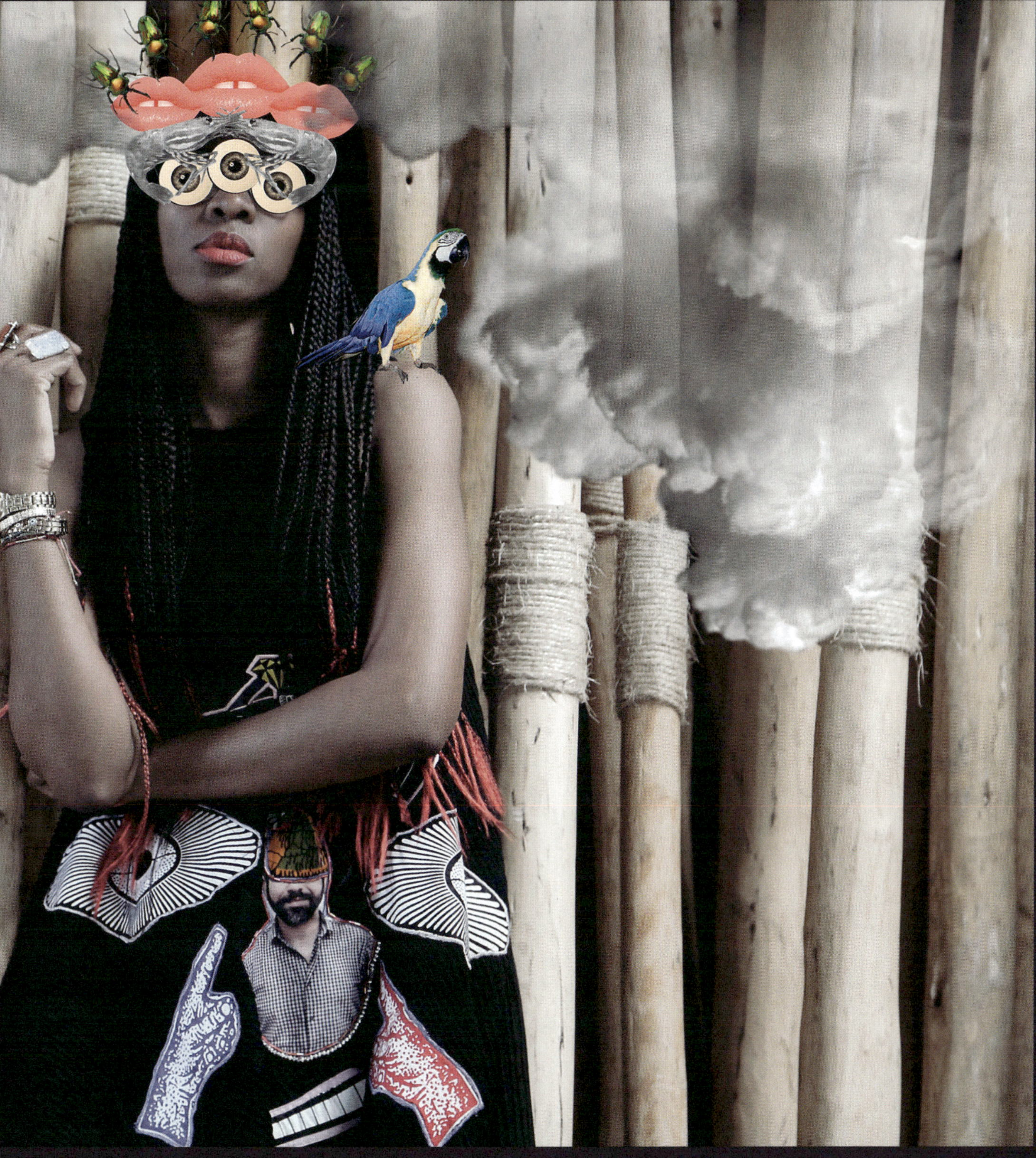

Redevenir les sujets
de ses propres histoires

OULIMATA GUEYE
Paris, juin 2020

La première fois que j'ai entendu Selly Raby Kane, c'était en 2013. Elle présentait *Alien Cartoon* et son désir d'explorer les frontières des nouveaux imaginaires du futur depuis Dakar. Quelques mois plus tard, en marge de la Biennale de Dakar, *Alien Cartoon* investissait pour un soir l'ancienne gare ferroviaire. Localisation hautement symbolique, la gare de Dakar relia pendant plusieurs décennies le port maritime de Dakar au port fluvial de Koulikoro, au Mali. C'est dans cet espace désaffecté, en 2014, que l'artiste choisit de présenter *Alien Cartoon*, une parade de mannequins mi-humains, mi-insectes qui allait la consacrer comme une des figures de proue de la jeune création africaine. Selly Raby Kane y pose les bases de sa recherche stylistique et conceptuelle : la ville, la multidisciplinarité et l'exploration d'univers parallèles, entre mythologies, onirisme et croyances. Ce sont ces éléments que l'on retrouve dans *The Other Dakar* (2017), une vidéo tournée à 360°, dans laquelle on suit une petite fille qui, telle une Alice au pays des merveilles, devient la médiatrice d'un monde parallèle.

The Other Dakar est un objet hybride, à l'intersection de la mode, de l'expérience de réalité virtuelle, du documentaire et du conte initiatique. Son esthétique mutante réhabilite la coexistence de l'invisible et du tangible, de l'ultramodernité et de la magie. On y rencontre des géant(e)s, des prophètes et des fées, des crevettes et des nuages qui flottent en apesanteur. Mais la principale protagoniste est la ville, en ce qu'elle abrite tout un univers de symboles ancrés dans l'histoire et la culture locales. *The Other Dakar* parle de la puissance cachée des nains et des albinos, de l'histoire des *pènc*[1], mais aussi des *dibiteries*, ces gargotes de viandes grillées où se rencontrent toutes les couches de la société. Se plaçant dans leur sillage, Selly Raby Kane rend hommage aux artistes qui ont fait de Dakar leur muse et ont fait des "petites gens" les princes et les princesses de la ville.
Selly Raby Kane revendique son ouverture sur le monde à partir de cet immense atelier de la pensée qui s'élabore à l'échelle de l'Afrique. Comme l'appelle de ses vœux Felwine Sarr dans son livre *Afrotopia,* elle cherche à "inventer ses propres métaphores du futur afin que le continent puisse redevenir son propre centre et à nouveau le sujet de sa propre histoire[2]".

"Désaxer les regards[3]" pour redevenir le sujet de sa propre histoire, c'est aussi l'ambition de Josèfa Ntjam qui, comme Selly Raby Kane, fait partie de la génération d'artistes formée avec l'omniprésence des réseaux sociaux numériques, la circulation mondiale et le désir de se nourrir d'une pensée décoloniale. Née en France, Josèfa Ntjam revendique une appartenance afrodiasporique qui entend prendre la parole pour déconstruire les représentations sclérosantes et ouvrir de nouveaux possibles. L'écriture et l'Histoire sont les matières premières de ses installations, vidéos, photomontages et performances qui explorent les multiples dimensions d'un "être-au-monde[4]" débarrassé des assignations imposées par l'esclavage, le colonialisme et l'impérialisme occidental. L'écriture est un espace de construction de soi et de dissidence. L'artiste cisaille ses mots, aspire à créer "un monde où le corps ne serait plus, des plantes en révoltes, des univers où le volcan côtoie des nuages de coraux à l'ombre d'une palmeraie[5]". Les lectures performées occupent une place importante car la performance permet d'incarner la puissance de l'écriture[6]. Elle développe également depuis plusieurs années un intérêt pour la science-fiction comme espace de prospection et de projections spatiotemporelles. Ses récits d'anticipation croisent les avancées aérospatiales, la cosmogonie africaine et l'avènement des États-Unis d'Afrique comme utopie d'un continent créant son propre savoir, non pas dans un désir de sécession mais de contribution libre et émancipée à de "nouvelles mémoires et écologies collectives[7]".

Dans l'essai publié en 2017 et intitulé "Lætitia africana. Philosophie, décolonisation et mélancolie[8]", la philosophe Nadia Yala Kisukidi invite à repenser la relation de la diaspora au continent africain dans une dynamique de félicité créatrice. *Sous la mangrove* (2019) participe de cet élan. Il s'agit d'une installation composée de deux laizes en soie imprimée qui surmontent un paysage sous-marin de céramiques émaillées. Les laizes déploient un récit fragmenté : une huître jaune géante et fluorescente, des pics rocheux roses, une photo familiale superposée à un miroir d'eau, une fleur de mangrove, une créature monstrueuse, une forme carrée entourant une main noire qui tient un serpent, la représentation d'une sculpture et d'un bas-relief égyptiens. Il y a une volonté évidente d'éviter toute hiérarchie, de laisser la place à la navigation intuitive, à une sérendipité[9] ancrée dans la culture numérique. Dans l'agencement des images comme dans son écriture poétique, Josèfa Ntjam procède de la même manière : chaque élément est là *en soi*, indépendant des autres. L'ensemble forme cependant un univers de référence qui va de l'histoire familiale à l'histoire de l'Égypte ancienne, en passant par la conscience d'une appartenance à l'"expérience Noire[10]". Enfant du numérique et du renouveau du panafricanisme, Josèfa Ntjam pose sa pratique comme un espace de liberté et de réinvention de soi, une poétique de la révolte en hommage à la poésie de Sun Ra[11]. La possibilité toujours ouverte pour la diaspora transafricaine d'inventer un ailleurs, plus libre, plus flamboyant, plus joyeux. La "Lætitia africana".

1 Le *pènc* est symbolique de l'organisation historique, politique et sociale de la communauté lébou de Dakar. Il s'agit d'un lieu associé à une famille et à une place sacrée. Il y a douze *pènc* à Dakar.

2 Felwine Sarr, *Afrotopia*, Paris, Philippe Rey, 2016.

3 Josèfa Ntjam, *Sous la mangrove*, 2019, files.cargocollective.com/ c158986/PORTFOLIO_ 2020.pdf.

4 Expression utilisée en philosophie pour désigner, selon Heidegger, un être vivant découvrant le monde. Elle est utilisée ici par l'auteur pour désigner une façon, une condition d'être.

5 Josèfa Ntjam, cipmarseille.fr/auteur_fiche. php?id=2507.

6 L'artiste fait référence à l'expression "chair-mot-de-passe", néologisme de l'auteur Sony Labou Tansi (1947-1995), pour exprimer le fait de donner corps à l'écriture. Sony Labou Tansi, *La Vie et demie*, Paris, Seuil, 1979.

7 Josèfa Ntjam, *Mélas de Saturne*, film de Josèfa Ntjam et Sean Hart, 11'32, 2020, files.cargocollective.com/ c158986/PORTFOLIO_ 2020.pdf.

8 Nadia Yala Kisukidi, "Lætitia africana. Philosophie, décolonisation et mélancolie", dans *Écrire l'Afrique-Monde*, sous la dir. d'Achille Mbembe et Felwine Sarr, Paris/Dakar, Philippe Rey/Jimsaan, 2017. Le prénom Lætitia, d'origine latine, signifie "joie".

9 Le nom *sérendipité* s'emploie fréquemment dans le monde scientifique pour désigner une forme de disponibilité intellectuelle qui permet de tirer de riches enseignements d'une trouvaille inopinée ou d'une erreur [www.academie-francaise.fr].

10 L'expression "expérience Noire" fait référence à l'expérience vécue de l'homme noir. Frantz Fanon, "La plainte du Noir : l'expérience vécue du Noir", dans la revue *Esprit*, n° 179, Paris, mai 1951, esprit. presse.fr/article/frantz-fanon/ la-plainte-du-noir-l-experience-vecue-du-noir-23930.

11 Sun Ra est un musicien de jazz américain (1914-1993) connu pour ses compositions et ses performances phénoménales autant que pour la "philosophie cosmique" qu'il prêchait et qui fit de lui l'un des mythes de l'afrofuturisme.

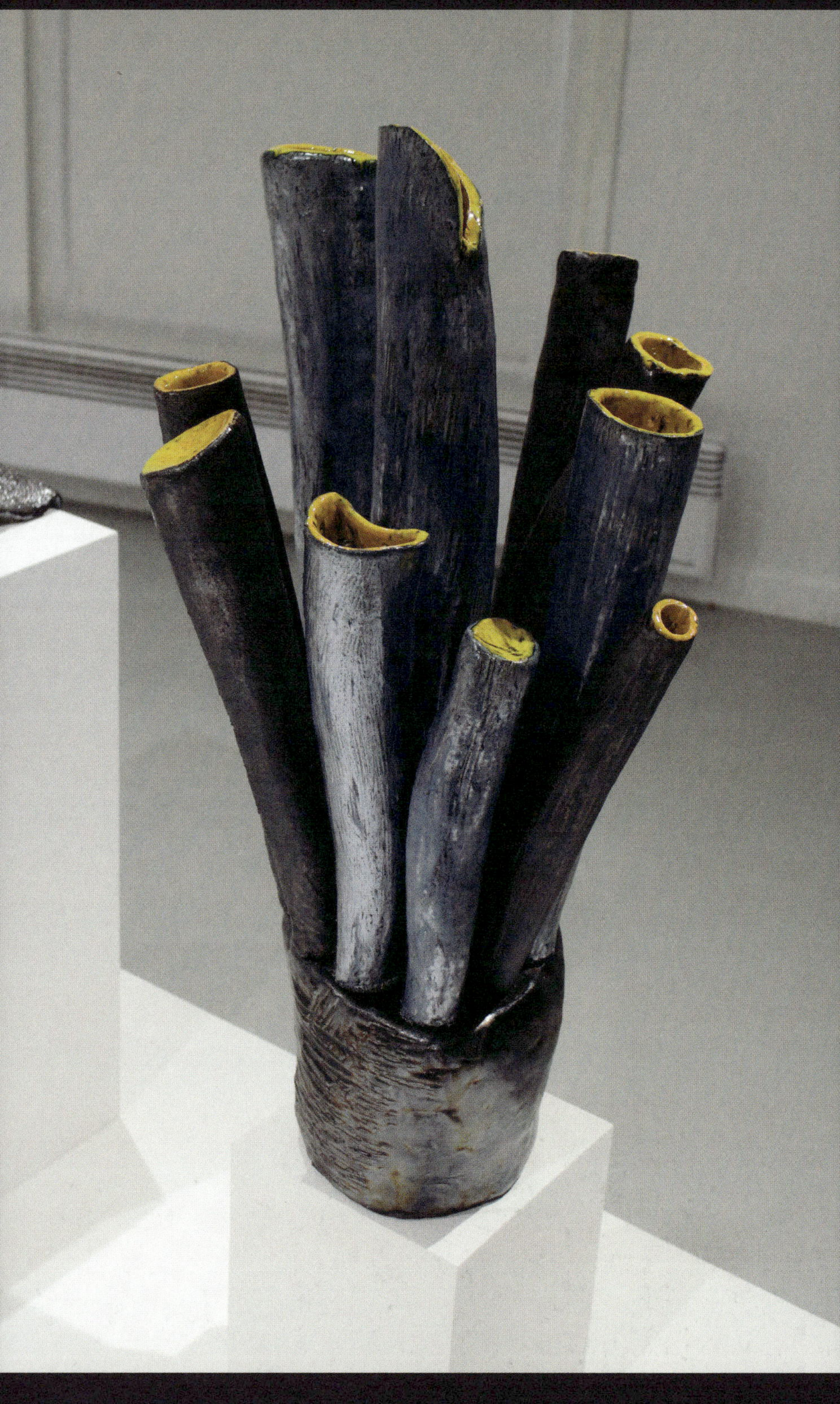

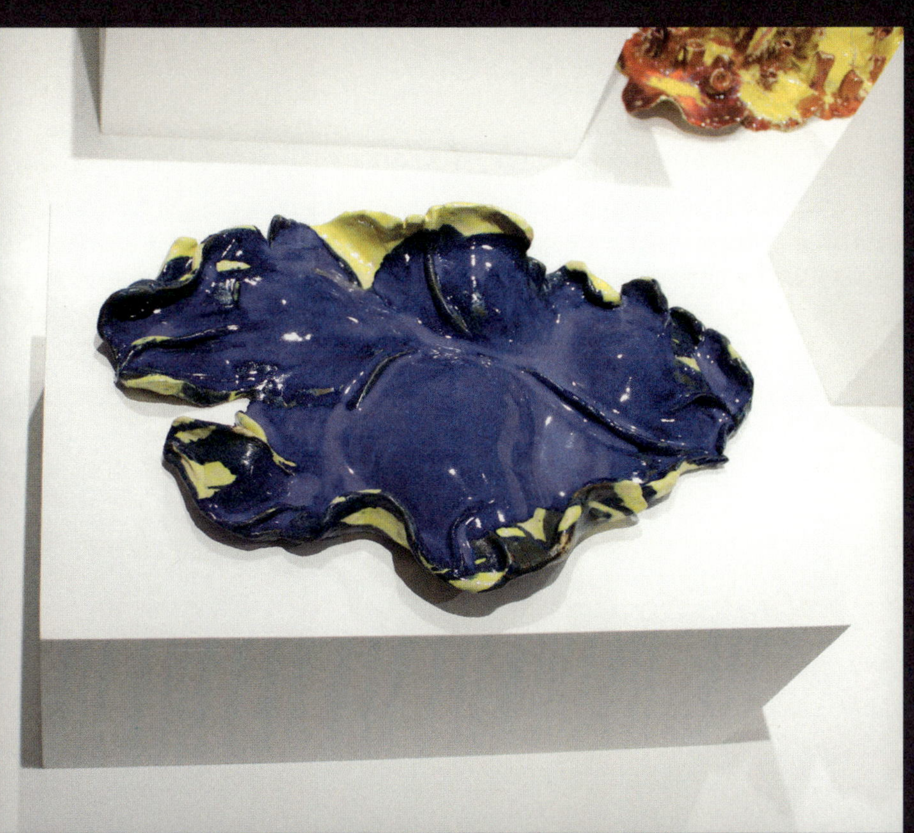

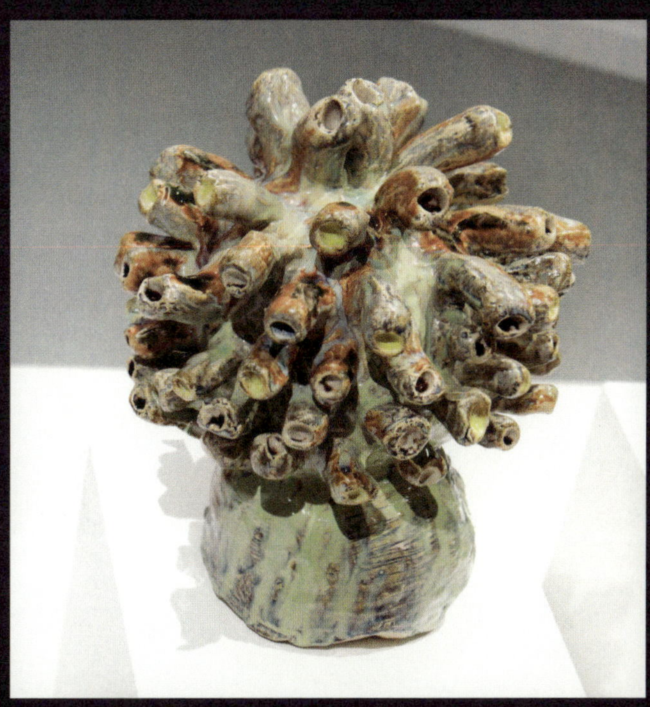

Josèfa Ntjam
Page 80
Hybrid Family, Coraux, 2019.

Page 81 haut
*Hybrid Family,
Feuille mollusque*, 2019.

Page 81 bas
*Hybrid Family,
Palmier de mer*, 2019.

Courtesy de l'artiste
et de la galerie Nicoletti
Contemporary (Londres).
Photos : Josèfa Ntjam.

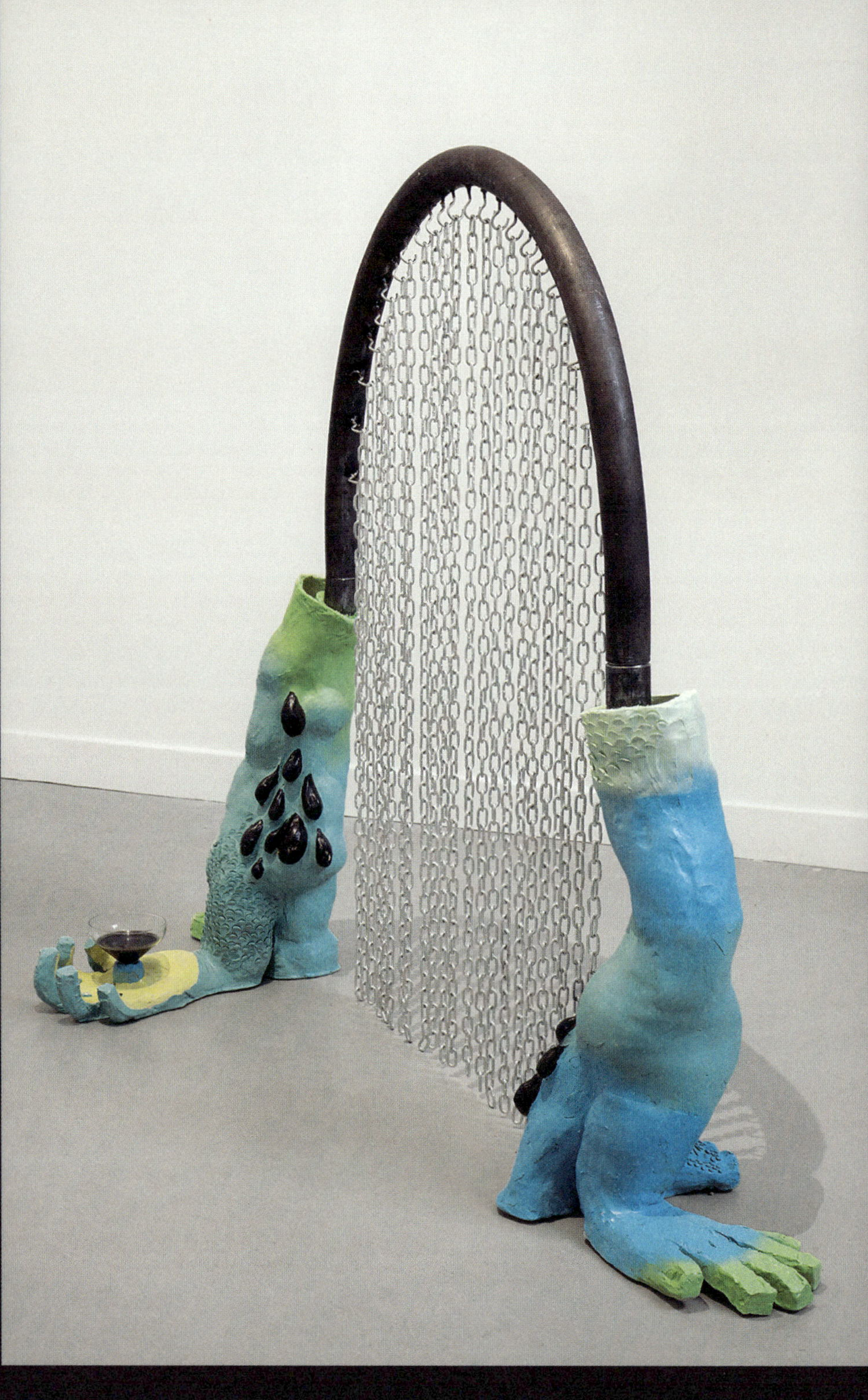

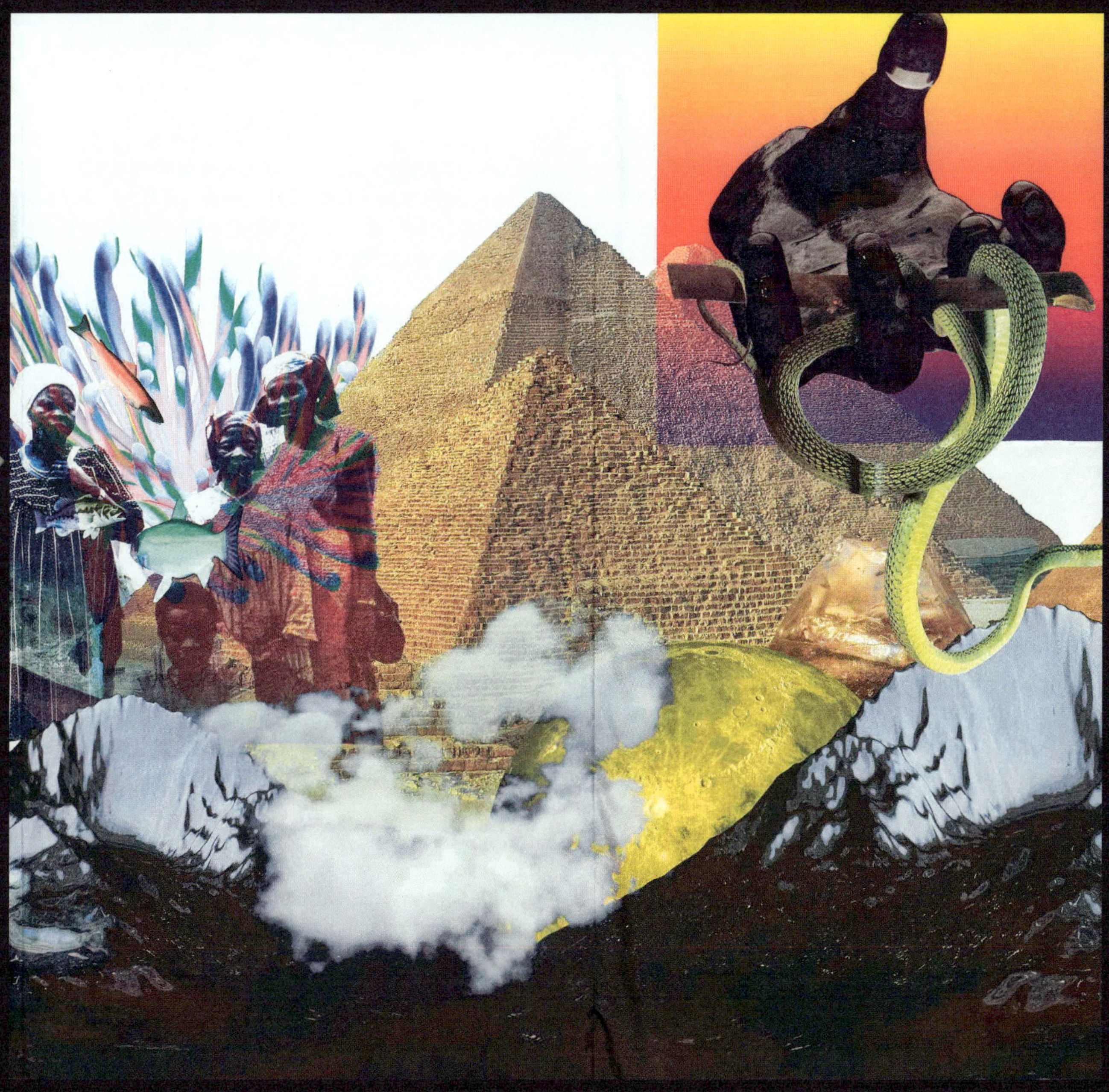

Josèfa Ntjam
L'Arche de résilience, 2020.
Courtesy de l'artiste
et de la galerie Nicoletti
Contemporary (Londres).
Photo : François Lauginie.

Fishtank Family's memories,
2019. Détail
Courtesy de l'artiste
et de la galerie Nicoletti
Contemporary (Londres).

Les mascarades de Na Chainkua Reindorf : une histoire imaginaire

MARTHA KAZUNGU
Bayreuth, mai 2020

1 Alissa J. Rubin,
"They threw themselves
into the sea, 14 Black
women, all together",
New York Times, 30 octobre 2018.

2 La religion vaudou
est originaire de l'ancien
royaume de Dahomey
(Afrique de l'Ouest).
Elle est issue des cultes
animistes africains.

Ma rencontre avec Na Chainkua Reindorf fut un véritable échange à bâtons rompus. Le fil conducteur de notre conversation nous a transportées en arrière jusqu'à un sombre épisode du XVIIIe siècle, à l'occasion duquel quatorze femmes embarquées comme esclaves se sont jetées à la mer[1], préférant trouver la mort au cours du voyage plutôt qu'à leur destination, à Bordeaux.

Na Chainkua Reindorf voit dans cet événement la "démonstration radicale d'un choix souverain tragique", qui a inspiré l'œuvre proposée pour sa résidence au Frac Nouvelle-Aquitaine MÉCA. L'artiste a l'intention d'y créer un ensemble d'œuvres inspirées par la bravoure des esclaves précitées, esclaves qui ont choisi la mort plutôt que la captivité, en se basant sur l'expression de leur capacité d'action comme point de départ. Ce travail s'inscrit dans un projet à long terme plus vaste développé par l'artiste, dont l'origine est fortement influencée par les textiles d'Afrique de l'Ouest ainsi que par la culture, essentiellement masculine, des mascarades. S'y retrouve aussi l'empreinte des intrépides Amazones du Dahomey, ce régiment militaire entièrement féminin, actif dans l'actuel Bénin jusqu'à sa dissolution au XIXe siècle.

Selon les termes de Na Chainkua Reindorf, l'œuvre réalisée dans le cadre de la résidence "explore le potentiel multiforme du féminin au-delà des clichés habituels" et présente sept costumes de mascarade. L'artiste qualifie ces costumes de "peaux", car ils sont censés conférer à celle qui les porte le courage nécessaire pour repousser les limites de l'expression de soi, tout en explorant la liberté de choix. Les sept "peaux" – dont le nombre renvoie aux sept enfants de Mawu, un dieu vaudou[2] d'Afrique de l'Ouest – portent les marques de l'insoumission, de la protestation et de la rébellion. "Je veux que l'œuvre soit provocante, et faussement séduisante. Je veux démontrer que le pouvoir chez les femmes se manifeste sous de nombreuses formes imprévisibles", précise-t-elle.

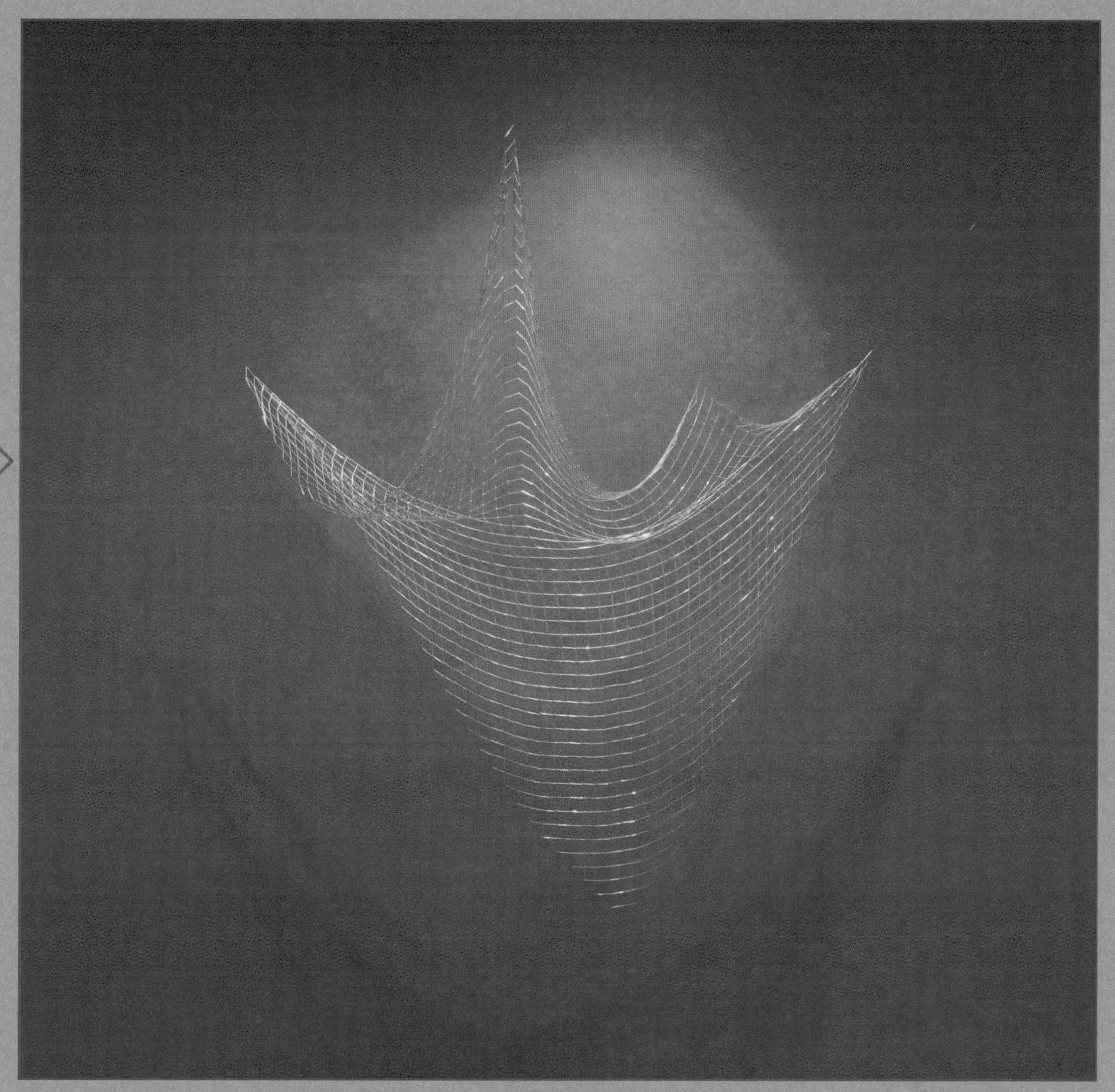

83 **Na Chainkua Reindorf**
Offering, 2019.
Courtesy de l'artiste.
Photo: Na Chainkua Reindorf.

Ayant quitté le Ghana juste après le lycée pour
les États-Unis, où elle réside actuellement,
Na Chainkua Reindorf réfléchit aujourd'hui
à son identité plurielle et à la façon dont
les événements qu'elle considérait autrefois
comme allant de soi, et qu'elle n'a jamais songé
à remettre en question, ont acquis une nouvelle
dimension. Elle m'a fait part de ses premiers
souvenirs du Ghana, souvenirs qui ont façonné
ses choix artistiques et son intérêt profond pour
la culture textile ouest-africaine. Le premier
souvenir est celui d'un objet. Un coffre placé dans
la chambre de ses parents, réservé au rangement
des vêtements de cérémonie de son père. Mais
pour Na Chainkua Reindorf, il est plus que cela.
Il est devenu une métaphore de la vénération
et du respect portés aux textiles dans la culture
ghanéenne – le tissu utilisé comme vêtement joue
notamment un rôle important dans la construction
de l'identité : "Le soin apporté à ces textiles s'étend
à la vie quotidienne, dans la façon de les porter
et de les utiliser conformément à la tradition",
explique l'artiste. Cette vénération est à l'origine
de sa fascination pour le textile en tant que
médium.

Le souvenir du coffre a attisé ma curiosité
et celle de l'artiste, qui a interrogé ses parents
sur son origine. Elle a ainsi découvert que
son histoire impliquait de nombreux voyageurs :
un capitaine allemand qui avait commandé
le coffre, mais avait malheureusement dû quitter
le pays avant son achèvement ; un menuisier
tchèque, créateur du meuble, son équipe
de menuisiers ghanéens locaux, qui en avaient
sculpté les détails extérieurs complexes ;
enfin, les parents de Na Chainkua Reindorf,
acquéreurs de l'objet.

L'artiste m'a confié un autre souvenir marquant :
celui du Fancy Dress Festival, un carnaval
qui se tient chaque année en janvier à Winneba,
au Ghana. Elle se rappelle avoir vu de jeunes
garçons danser et se faufiler à travers les voitures,
dans des costumes à la fois terrifiants et éclatants.

Depuis son installation aux États-Unis, Na Chainkua
Reindorf s'est penchée sur ce souvenir et s'est
intéressée de près à ce festival et à d'autres traditions
de mascarade à travers l'Afrique comme un moyen
d'explorer sa culture. Les célébrations du festival
de Winneba, qui durent une semaine, culminent
le premier janvier. Ce jour-là, quatre groupes
s'affrontent pour remporter le titre de meilleur
défilé costumé. L'origine du festival remonte
à la période coloniale : il s'agissait pour les
autochtones de parodier les professions locales
et les Européens occupant plusieurs ports de
la région, en arborant des costumes extravagants
et en défilant dans les rues avant l'aube, le jour
de Noël. Au fil des ans, le festival et le défilé
ont pris une ampleur considérable et constituent
aujourd'hui une attraction touristique très connue.

Les œuvres les plus récentes de Na Chainkua
Reindorf, dont deux sont présentées dans
l'exposition "Memoria : récits d'une autre Histoire",
rappellent à bien des égards le Fancy Dress
Festival. *Alter* et *Offering* ont été conçues comme
des pièces appartenant à l'atelier d'un créateur
de costumes imaginaire. Les œuvres, selon
les termes de l'artiste, "s'attachent à célébrer
des matériaux souvent négligés qui sont essentiels
à la confection d'un costume efficace".

Na Chainkua Reindorf est profondément
influencée dans sa pratique artistique
par la synergie des événements historiques,
mais puise aussi dans l'imaginaire personnel
et la fiction. Elle saisit l'opportunité de travailler
et d'exposer à Bordeaux, une ville qui s'efforce
de composer avec son passé étroitement lié
à la traite des esclaves, faisant ainsi de cet acte
de création un plaidoyer en faveur de la reconquête
de la propriété par ceux à qui elle a été volée
pendant des siècles.

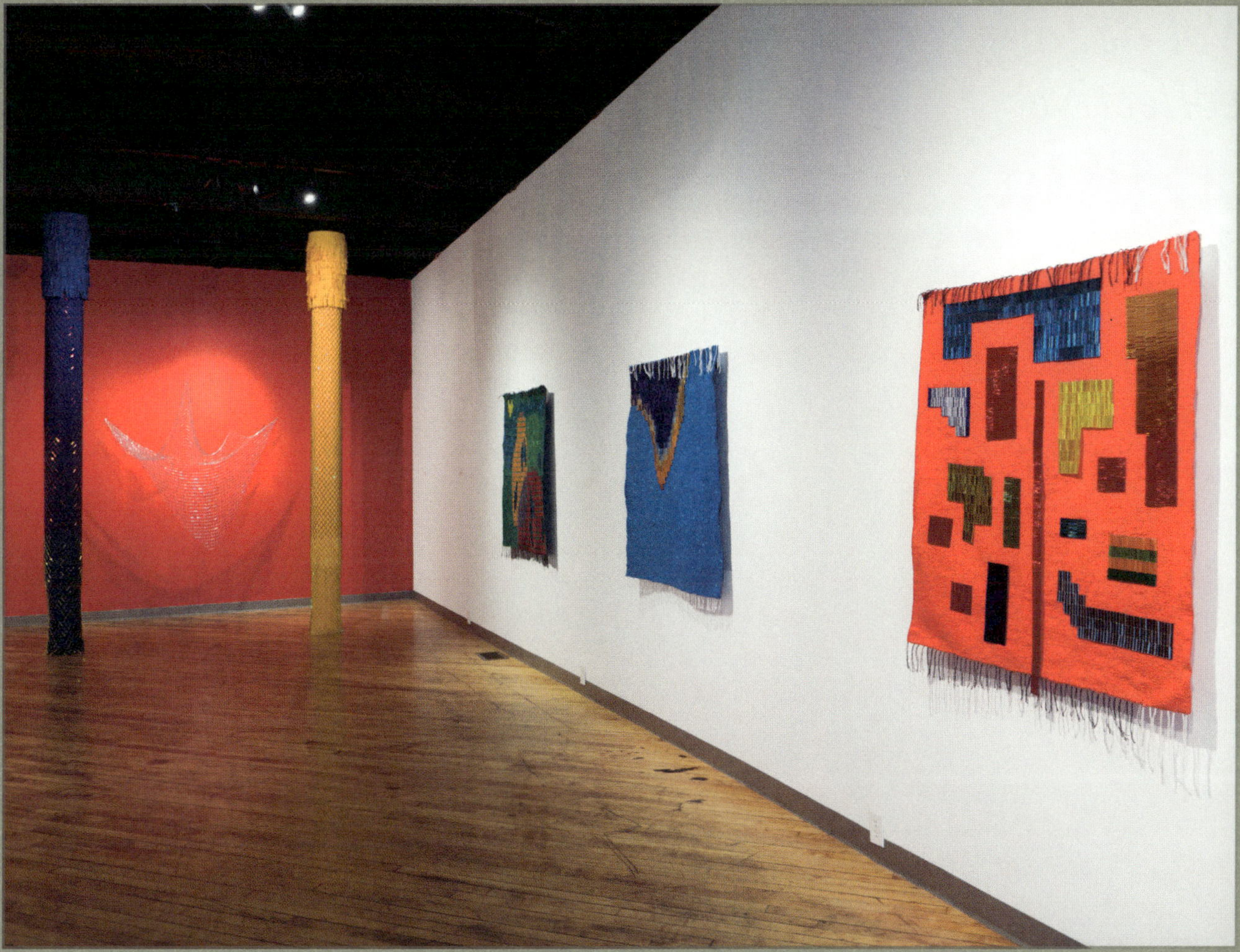

Na Chainkua Reindorf
Altar, 2018-2019,
au fond à gauche.
Courtesy de l'artiste.
Photo : Na Chainkua Reindorf.

Vol de la mémoire collective

LADI'SASHA JONES
New York, mai 2020

Le travail de Wangechi Mutu est une réponse incisive aux relations laborieuses de la femme avec la race, le capitalisme et l'environnement. Aux conceptions standardisées de ces relations et aux effets de ricochet qu'elles produisent. Ses personnages sont lancés dans des récits aux contours vastes et rebelles, façonnés par des scènes hybrides mêlant fiction historique et pop culture contemporaine. Ils sont audacieux, déterminés et sculpturaux. Issus de découpes franches puisées dans une imagerie discordante. L'œuvre est tranchante. Elle se situe dans l'espace social du pouvoir et de la mémoire. Okwui Enwezor écrit: "La frontière entre le pouvoir et la résistance est un seuil, une porte d'entrée et de sortie, un espace de négociation entre l'exil et la mémoire[1]."

La porte d'entrée et de sortie dans l'œuvre de Wangechi Mutu est l'affirmation d'un imaginaire mémoriel, qui renverse les mythes propageant des croyances sur notre identité et la façon dont elle s'est forgée. En tant que société, en tant qu'individu et en tant que nation. Son œuvre traduit la dissonance collective d'un passé commun comme celle des échanges prétendument universels véhiculés par les médias contemporains. Mais au-delà de cette opposition, ce qui ressort, ce sont les conditions de reconstruction que portent ses œuvres. La reconstruction en tant que force productive du devenir. Du rejet des contradictions sociopolitiques enfouies. C'est ainsi que j'entre dans son travail, par la recomposition à travers les formes particulières de création de mythes, de construction du monde et de critique dystopienne de Wangechi Mutu.

History Trolling (2014) est une œuvre composée de collages qui dépeint le pillage mécanisé d'objets culturels. Sur la toile sont figurés une série de globes rouges dispersés autour d'un personnage ou d'un édifice central, un sous-sol lumineux et un espace supérieur liminal. La créature tient un ensemble de structures véhiculaires reliées par un réseau de fils évoquant une toile d'araignée, couplées à des vestiges de sculptures pour la plupart impossibles à distinguer. Muets. De cette scène

1 Okwui Enwezor, "The Diasporic Imagination: The Memory Works of Maria Magdalena Campos-Pons", dans *Maria Magdalena Campos-Pons: Everything is Separated by Water*, Lisa D. Freiman, Indianapolis Museum of Art, 2007, p. 64-89.

2 Aimé Césaire, *The Original 1939 Notebook of a Return to the Native Land – Bilingual Edition*, bilingue français-anglais, Wesleyan University Press, 2013, p. 23.

figurant l'attelage de la marchandisation culturelle se dégage le chant sensoriel et lugubre de la spéculation.
Le verbe *troll* signifie "pêcher". Appâter. Ici, il fait référence au vol d'objets culturels qui, en tant que leurre, perturbe le statut éphémère de ce délit en le marquant d'une tension constante et dynamique, comme une survivance du projet de l'impérialisme colonial. Un projet exploité dans l'intimité de notre sol. Inscrit dans notre mode de production industrielle. Qui a forgé notre économie culturelle et artistique et s'est fixé dans la tonalité dissonante de notre avenir. Cette œuvre atteste les liens qui nous intiment d'affronter et de réimaginer le monstre de l'Histoire. Ou de le détruire.
Le méta-espace de la mémoire et de la reconstruction me rappelle les écrits d'Aimé Césaire sur la terreur incertaine et galvanisante de la mémoire attachée à la terre natale dans le *Cahier d'un retour au pays natal* :

"Que de sang dans ma mémoire !
Dans ma mémoire sont des lagunes.
Elles sont couvertes de têtes de morts.
Elles ne sont pas couvertes de nénuphars.
Dans ma mémoire sont des lagunes.
Sur leurs rives ne sont pas étendus
des pagnes de femmes.
Ma mémoire est entourée de sang.
Ma mémoire a sa ceinture de cadavres[2] !"

Cette idée de traquer et de fixer la matière qui perdure, qui demeure avec nous, forme une large part du lexique visuel de Wangechi Mutu. Un lexique qui explore également la tragédie de la cupidité et de la consommation vorace.
Dans le film *The End of Carrying All* (2015), une femme traverse un paysage rural au coucher du soleil, alors que l'obscurité menace, sur un fond sonore produisant un sifflement irritant. Elle porte une charge sur sa tête, qui grossit à mesure qu'elle avance. À chaque pas, la charge s'alourdit de tours satellites, de roues et de bâtiments.

Elle finit par se métamorphoser en une masse qui consume la porteuse avant de sombrer là où finit la terre, et d'être absorbée par le sol lui-même. Le lourd débordement de l'industrialisation, notre appétit d'excès, est en effet une charge. Un produit anormal et monstrueux du travail des hommes, que certains sont voués à porter et dont ils sont contraints de supporter les effets chroniques.
Le film *The End of Eating Everything* (2014), réalisé en collaboration avec l'artiste Santigold, interroge de la même façon la nature avide et cancéreuse de la consommation. Elle met en scène une créature qui absorbe tout, au point de se transformer en une masse grotesquement défigurée, ne laissant plus rien à avaler que quelques oiseaux en vol. La créature poursuit son entreprise radicale d'absorption jusqu'à l'implosion. Bien qu'effrayant, le récit tend vers l'espoir d'un renouveau après l'implosion.
Caractéristiques de la série *Tumors* de Wangechi Mutu, ces trois œuvres reflètent l'intersubjectivité et les aberrations existentielles de l'humanité. Métamorphoses oscillant entre les allégories du chaos et de l'effacement, elles offrent dans le même temps une vision du monde qui porte en germe la reconstruction sociale par le partage des ressources et l'abondance intrinsèque. De même que j'entre dans son travail par la possibilité du rétablissement, cette perspective est ce qui reste quand j'en sors. Non comme la construction d'un renouveau utopique, mais comme la possibilité de faire l'expérience du rétablissement par la maîtrise de soi et une rigoureuse rematérialisation des structures de pouvoir.

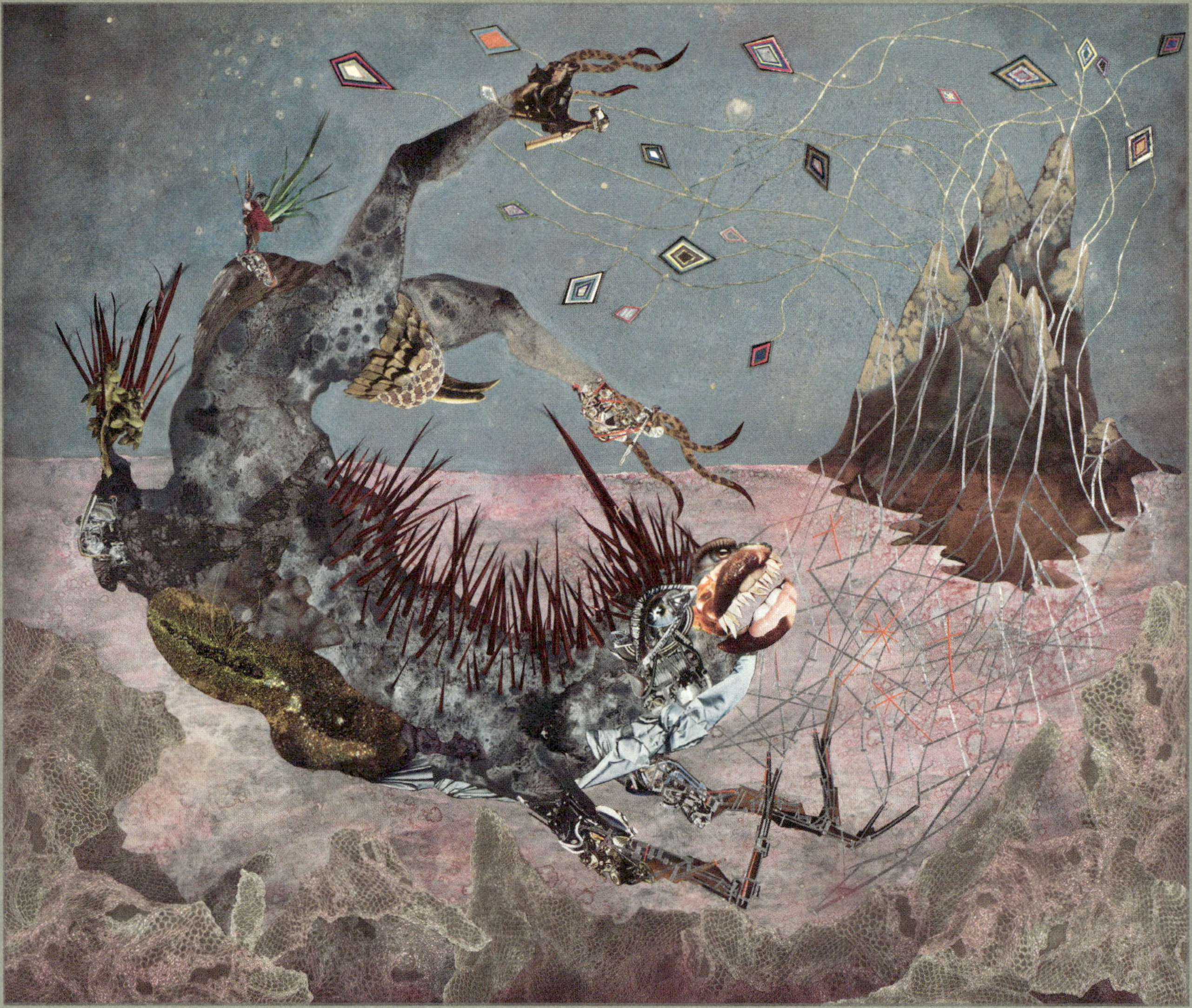

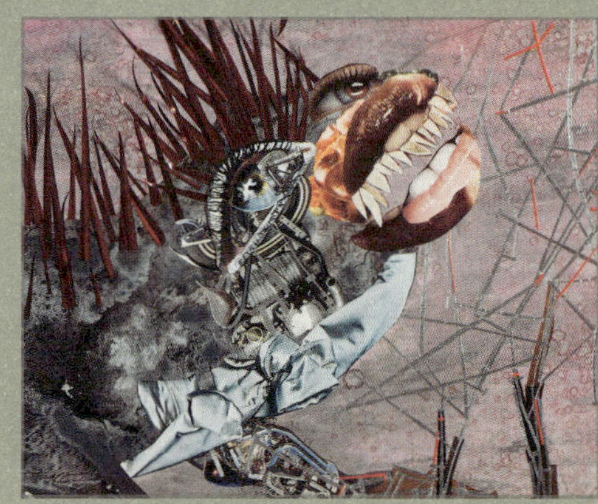

Wangechi Mutu
The Screamer Island Dreamer, 2014.
Œuvre et détail
© Wangechi Mutu
Courtesy de l'artiste
et de la galerie Victoria Miro
(Londres, Venise).
Photo : Bill Orcutt.

Wangechi Mutu
History Trolling, 2014.
© Wangechi Mutu
Courtesy de l'artiste
et de la galerie Victoria Miro
(Londres, Venise).
Photo: Bill Orcutt.

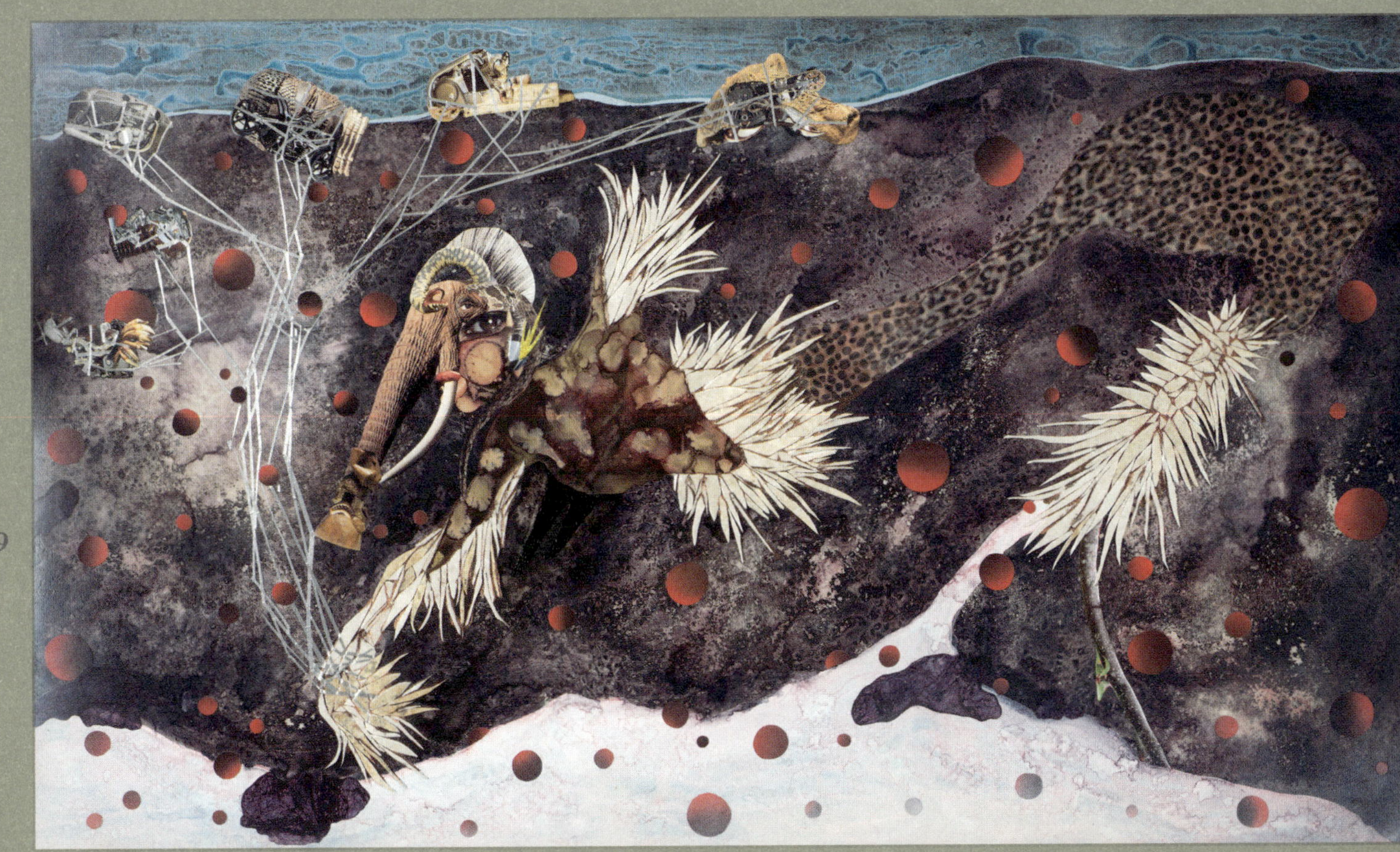

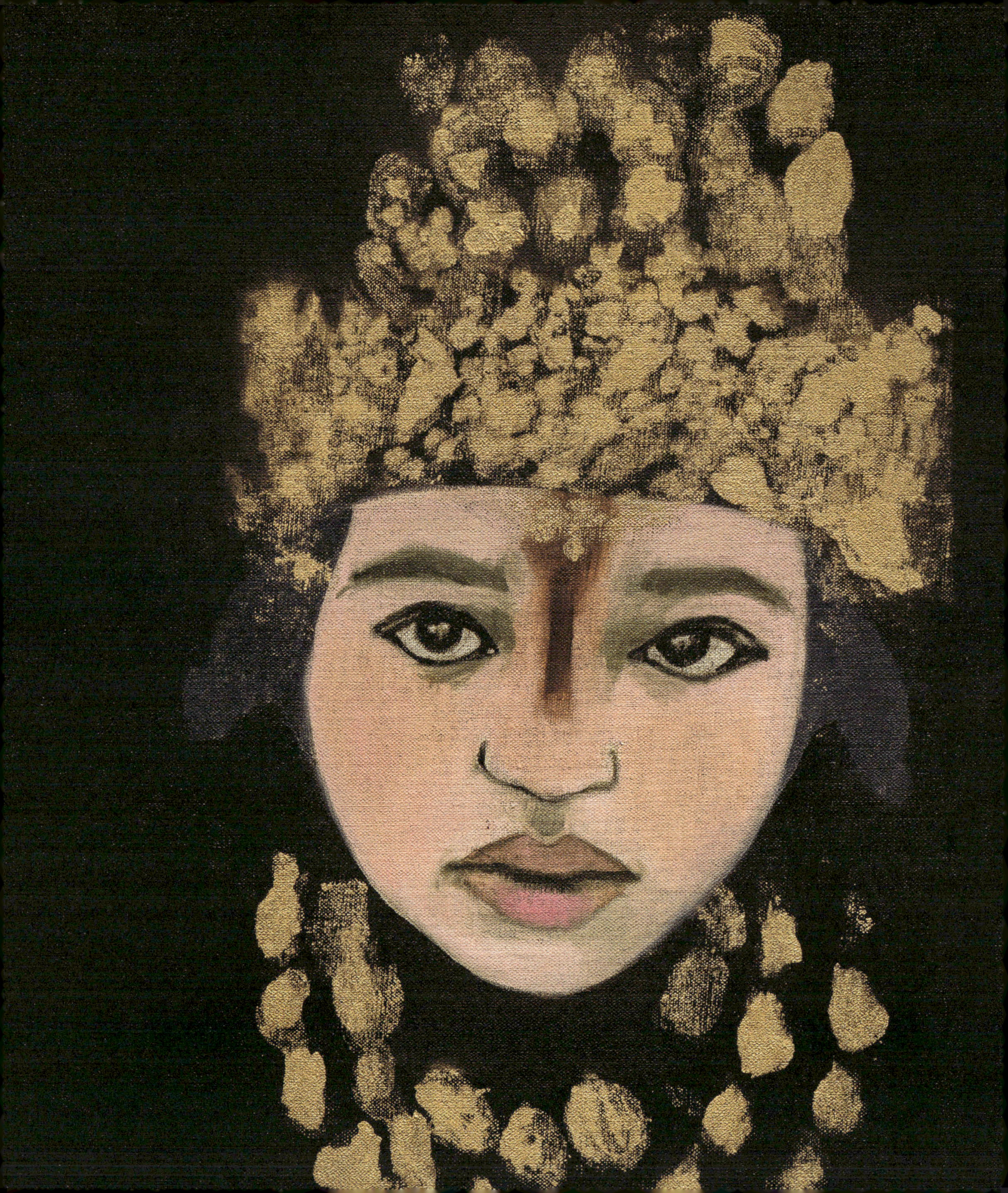

Dalila Dalléas Bouzar
Princesse, 2015-2016.
Courtesy de l'artiste et
de la galerie Cécile Fakhoury
(Abidjan, Dakar, Paris).
Photo : Grégory Copitet.
© Adagp, Paris, 2020.

Mémoire dynamique et aventure visuelle

RAFAEL LUCAS
Bordeaux, juin 2020

1 Umberto Eco, *Lector in fabula. Le rôle du lecteur ou la coopération interprétative dans les textes narratifs*, traduction de Myriam Bouzaher, Paris, Grasset, 1979. Selon Umberto Eco, l'œuvre d'art présente deux faces complémentaires, la production par l'auteur mais aussi la réception par le public. Cette notion de réception de l'œuvre, concernant la littérature, sera également développée par le théoricien allemand Hans Robert Jauss.

2 Le "grand remplacement" est un thème largement utilisé et popularisé par l'extrême droite française. Selon cette thèse, développée dans plusieurs ouvrages de l'écrivain d'extrême droite français Renaud Camus, la population française blanche de souche serait menacée de substitution par les populations noires et arabes. Nous utilisons la notion de "grand remplacement" pour faire allusion au processus de génocide amérindien (de 90 % à 100 % suivant les cas) suivi par "l'importation" massive des esclaves africains (Amérique du Nord, Amérique latine, Caraïbes).

3 Entretien de Virginie Andriamirado avec Rachida Triki, publié le 26 juillet 2010 : http://africultures.com/rachida-triki-je-suis-pour-transposer-la-sincerite-dans-le-champ-de-lesthetique-9607/.

L'exposition "Memoria : récits d'une autre Histoire" propose une véritable aventure du regard porté sur les créations contemporaines d'artistes d'Afrique et des diasporas qui se déploient dans plusieurs domaines tels que la relecture de l'Histoire trop longtemps polluée par des dispositifs coloniaux, les novations et innovations dans la mouvance et le mouvement des modernités, ainsi que l'exploration libératrice de la mémoire perçue comme tropisme déterminant de l'identité. La démarche profonde qui palpite au cœur de cette initiative relie les voies multiples de la mémoire à celles de la création, de la reconquête identitaire et d'une vision afrofuturiste.

L'aventure du regard

L'aventure du regard proposée comprend l'élaboration de nouveaux récits par les artistes ainsi que l'investissement de sémantisations ou de significations novatrices accordées aux choses. Outre le travail d'élaboration par l'artiste "œuvrier", la valeur intrinsèque de l'œuvre d'art s'enrichit de la "coopération interprétative[1]" du spectateur, pour reprendre une notion du sémiologue italien Umberto Eco, ou de "l'esthétique de la réception" (Hans Robert Jauss) ressentie par le public destinataire. Cette aventure interprétative est d'autant plus sollicitée que les artistes recourent à une grande pluralité de matériaux, dont beaucoup sont éphémères (tissus, fils, bois, argile, savon, cire, toiles de jean...) et qu'ils s'expriment à travers des pratiques très variées : peinture, sculpture, broderie, photographie, vidéo, performance, installation. L'exposition acquiert par ailleurs une résonance particulière du fait qu'elle se déroule à Bordeaux, ville au passé partiellement négrier.

L'Atlantique, un espace tragique : génocide, déportations et conflits géopolitiques

L'irruption des puissances ibériques en Amérique marque le début de l'expansion américaine et atlantique des grandes thalassocraties (puissances maritimes) européennes : Espagne, Portugal, Angleterre, France, Hollande. Cette conquête du Nouveau Monde s'est traduite par le génocide des populations amérindiennes originales, auquel a succédé, par un "grand remplacement[2]", une population de dizaines de millions d'Africains déportés dans un système plantationnaire.
Parallèlement à l'esclavage arabo-musulman, qui s'étend sur treize siècles, comme le signale le Sénégalais Tidiane N'Diaye dans *Le Génocide voilé* (2008), la traite atlantique dure quatre siècles. Cette dernière systématise la déshumanisation du captif africain en s'appuyant sur un dispositif idéologique de rejet total hors de la condition humaine. Le Code noir (1685) fait de l'esclave un "bien meuble" (article 44).

À côté de la plantation comme univers concentrationnaire, l'océan Atlantique donne lieu dans les mémoires collectives des afrodescendants du Nouveau Monde à des images historiques dramatiques. Ce sont surtout des écrivains noirs caribéens qui ont fait de l'Atlantique le complice d'une infamie séculaire : Jean Métellus, Anthony Phelps, Édouard Glissant, Patrick Chamoiseau, Raphaël Confiant, ou encore Derek Walcott. Pour l'écrivain Émile Ollivier, dans le roman *Passages* (1991), tous les malheurs historiques (négriers, cyclones, syphilis, sida...) arrivent par l'Atlantique.

L'ombre de l'esclavage sur Bordeaux

L'investissement bordelais dans la traite négrière atlantique (1672-1837), avec des résultats positifs sur la prospérité économique de la ville, contraste avec la longue discrétion des historiens locaux à ce propos, jusqu'à la réception polémique de l'ouvrage *Bordeaux, port négrier : XVIIe-XVIIIe siècles* (1995) de l'historien Éric Saugéra. La municipalité avait réagi par la réalisation d'une exposition permanente sur l'esclavage au musée d'Aquitaine et par l'organisation d'activités diverses concernant la mémoire de l'esclavage.

La controverse bordelaise à propos de cette mémoire fut déclenchée par les oublis des luttes antiesclavagistes des Noirs et les manipulations de la notion d'abolition au mépris de certaines réalités historiques. Le récit républicain glorificateur, rédempteur, voire thérapeutique, oubliait par exemple que la première liquidation de l'esclavage ne résultait pas d'une abolition mais de la révolte victorieuse des esclaves de Saint-Domingue/Haïti en 1791. On occultait que l'abolition de 1794 avait été proclamée dans le but d'enrôler les esclaves dans la lutte contre l'invasion anglaise aux Antilles. On oubliait que l'esclavage rétabli par Napoléon dès 1802 allait durer jusqu'en 1848.

La politique mémorielle municipale de Bordeaux, malgré les efforts incontestables du musée d'Aquitaine, sous la direction de François Hubert et de Katia Kukawka, est restée engluée dans un entrelacs de demi-mesures. Alain Juppé a néanmoins épinglé courageusement "la mémoire occultée basée sur l'économie de la traite", dans sa préface au catalogue de l'exposition *Regard sur les Antilles* (1999). La modicité des initiatives mémorielles bordelaises souffre de la comparaison avec des opérations audacieuses réalisées à Nantes (*Les Anneaux de la mémoire*, 1992), à Bristol (naissance du Bristol Slave Trade Action Group dans les années 1990) et à Liverpool (*Transatlantic Slavery: Against Human Dignity*, 1994), comme l'a souligné l'anthropologue Christine Chivallon. L'initiative la plus timorée et la plus malencontreuse de la mairie de Bordeaux, en mai 2019, fut le choix d'une statue d'esclave, Modeste Testas, "propriété" d'un maître bordelais, alors que, depuis 2005, la demande d'un geste significatif des communautés noires ciblait plutôt un personnage incarnant la résistance à l'esclavage. On trouve également une statue de Toussaint Louverture à Bordeaux

Bastide (sur la rive droite de la Garonne), offerte par le gouvernement haïtien en 2005. Cette initiative a été précédée par une décennie d'activités autour du personnage de Toussaint Louverture, menée entre autres par le collectif éponyme.

L'exposition "Memoria : récits d'une autre Histoire" est à même de créer un effet de résonance singulier sur la ville étant donné la répercussion de la question de l'esclavage à Bordeaux. La véritable aventure visuelle que va constituer la rencontre du public avec l'exposition sera alimentée par la pluralité de démarches et de thèmes proposés par les artistes.

Nouveaux partis pris des choses et sémantisations novatrices
La sémantisation ou l'attribution de sens est au cœur des démarches des artistes de l'exposition qui chargent de significations nouvelles des objets symboliques ou sémiophores. La notion de "sémiophore", développée par le philosophe, historien et muséologue Krzysztof Pomian, insiste sur la signification accordée aux objets et sur le circuit sémiotique que peut suivre un objet, sous l'effet de l'Histoire, en passant du domaine utilitaire au domaine artistique. Dans l'exposition "Memoria : récits d'une autre Histoire", innervée par une triple dynamique (relecture de l'Histoire, démarches artistiques novatrices, exploration thérapeutique de la mémoire), la sémantisation particulière de nouveaux objets et matières promeut de nouveaux sémiophores. Parmi ceux-ci, mentionnons ceux qui appartiennent au domaine textile investi par plusieurs artistes : Georgina Maxim, Na Chainkua Reindorf, Enam Gbewonyo, Myriam Mihindou, Tuli Mekondjo. Dégagés de l'imagerie du labeur domestique féminin, les fils tressés, cousus, tissés disent de multiples parcours : mémoires remontées au fil du temps, itinéraires intérieurs, reconstructions de symboles, sutures de blessures intimes, subversion de la frénésie moderne de la vitesse par la lenteur d'une couture manuelle. Mélangés avec le tissu, les fils participent de l'aventure sémantique

d'objets du quotidien comme des bandelettes
mortuaires de la culture shona (Zimbabwe)
recyclées sous forme d'objets d'art chez
Georgina Maxim ou de tabliers chez Mary Sibande.

Dépassant la vieille binarité "tradition/modernité",
les artistes mélangent les deux temporalités
dans leurs nouveaux sémiophores : les noix
de kola, chez la Nigériane Otobong Nkanga,
les fleurs pichkari chez la Sénégalaise
Selly Raby Kane. La recherche du temps perdu
rencontre celle du temps en construction,
à travers l'insertion de pratiques rituelles, dans
les performances et dans les quêtes identitaires.
Tel est le cas chez la Franco-Gabonaise
Myriam Mihindou. Les voyages à travers le temps
chez Gosette Lubondo (Congo-Kinshasa) ou
chez Dalila Dalléas Bouzar (Algérie) participent
de l'incursion critique dans le passé et
de l'exploration d'une mémoire constructive.
Chez Gosette Lubondo, l'image des vieux trains
arrêtés et des gares désaffectées permet une
réflexion sur le mythe économique du progrès
colonial, appelé "écomythe" par Felwine Sarr
dans *Afrotopia* (2016). La resémantisation du train
sert aussi à dénoncer l'impéritie des dictatures
postcoloniales qui ont alimenté les préjugés raciaux
sur la prétendue inaptitude africaine au progrès.
Ces explorations du temps et de la mémoire
aboutissent à des reformulations, contre-récits
ou nouveaux récits, dont certains débouchent
sur l'afrofuturisme.

Perçu comme projection artistique et utopique
d'un monde négro-africain idéalisé, l'afrofuturisme
traverse de nombreuses œuvres d'artistes
de l'exposition : Selly Raby Kane, Josèfa Ntjam,
Wangechi Mutu. Élaboré initialement aux
États-Unis, avec une intensification à partir des
années 1990, l'afrofuturisme se distingue aussi
par sa temporalité située hors du creuset esclavagiste
puis colonial qui a longtemps affecté le vécu
africain, sur le continent et dans les diasporas.
Outre la dépollution de l'ombre coloniale,
il s'ouvre sur un champ illimité de créativité.

Avec cette dimension afrofuturiste, l'exposition
ouvre davantage l'aventure visuelle caractérisée
par la multiplicité des créations artistiques d'Afrique.
Comme le rappellent les penseurs africains
Simon Njami, Felwine Sarr, Iba Ndiaye Diadji,
N'Goné Fall et les artistes eux-mêmes, il faut
s'habituer à penser l'Afrique au pluriel, en rupture
avec l'usage du singulier institué par la grammaire
coloniale, comme s'il s'agissait d'une masse
indifférenciée.

Toutefois, il subsiste de nombreux écueils,
dont le poids du financement étranger
et le risque d'une certaine uniformisation
des pistes d'expression artistique, signalée par
Dalila Dalléas Bouzar, qui parle d'un "marketing
de la mode africaine". On peut y ajouter
le danger d'un certain "formatage" et d'un
"nouvel académisme" relevé par l'universitaire
tunisienne Rachida Triki dans un entretien
à *Africultures*[3]. Bien au-delà de ces écueils,
les créations artistiques contemporaines d'Afrique
rencontrent de nouveaux publics, dans le cadre
des expositions en dehors du continent africain.
En outre, les prestations des artistes donnent
de l'Afrique une vision bien plus positive que
le bilan politique de ses dirigeants. Les écueils,
redoutables et prévisibles, font également
partie de l'aventure artistique.

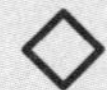

Des futurs métissés

ENTRETIEN ENTRE CLAIRE JACQUET, DIRECTRICE
DU FRAC NOUVELLE-AQUITAINE MÉCA,
ET N'GONÉ FALL, COMMISSAIRE GÉNÉRALE
DE LA SAISON AFRICA2020

Paris, février 2020

Claire Jacquet : Quel est le sens de cette Saison Africa2020[1] organisée en France et qui se traduit par une programmation dont vous êtes la commissaire générale, afin de mettre en lumière l'innovation et la créativité du continent africain ? Quelles étaient les intentions qui ont guidé votre programmation ?

N'Goné Fall : Le point de départ est ma rencontre, en mars 2018, avec les conseillers diplomatiques Afrique du président de la République française et des représentants de différents ministères. Nous avons discuté des enjeux d'une saison culturelle dédiée au continent africain. J'ai émis des réserves, posé beaucoup de questions et réfléchi à des hypothèses, en endossant le rôle de l'avocate du diable. Deux jours plus tard, ils proposaient de me confier le commissariat général de cette Saison. J'ai eu besoin de réfléchir parce que j'avais déjà des engagements professionnels, que les délais étaient courts (vingt-quatre mois) et que c'était un projet en lien avec l'Afrique, donc politiquement sensible : tous les pièges que j'avais listés, il fallait que je sache les éviter. Après avoir passé en revue les enjeux afin de nous assurer que nous étions sur la même longueur d'onde, j'ai insisté sur la nécessité que cette Saison soit portée par la société civile africaine. Le principal enjeu étant d'éviter le regard de la France et des Français sur l'Afrique et de donner la parole aux Africains. Il m'importait également d'élargir cette Saison au-delà de la culture afin qu'elle englobe tous les secteurs d'activité. C'est une programmation centrée sur l'innovation dans tous les domaines : artistique, scientifique, technologique et entrepreneurial. Il a également fallu structurer la Saison autour d'idées pour ne pas partir dans tous les sens, et parce qu'un projet "africain" ne veut pas dire grand-chose (on ne se réveille pas le matin en disant "Je vais faire un projet «français»"), ce qui suppose de définir un certain nombre de questionnements. Un gros travail de pédagogie a été fait pour inciter les institutions françaises à travailler en partenariat avec des professionnels africains, à s'ouvrir à de nouveaux territoires, de nouveaux réseaux: "Laissez-vous guider, nous allons tous apprendre beaucoup des uns et des autres", leur ai-je dit.

CJ Vous avez résumé ce projet comme une invitation à regarder et à comprendre le monde d'un point de vue africain.

NF C'est précisément le sous-titre de la Saison Africa2020. Regarder le monde, c'est s'interroger sur la manière dont on aborde la diffusion des connaissances, l'histoire, les archives, la mémoire, le territoire, l'émancipation économique, la redistribution des ressources, la citoyenneté (des enjeux que nous partageons tous sur cette planète), sous un autre prisme, celui de l'Afrique. Le président Emmanuel Macron ne m'a pas invitée, c'est un continent qu'il invite, et moi j'accepte l'invitation implicitement au nom d'un continent qui n'a rien demandé [Rires]. Donc je convie aussi les Français à embarquer dans cette aventure que l'on va écrire à plusieurs, d'égal à égal. J'ajoute que cette Saison n'est pas là pour légitimer les personnes qui travaillent depuis des années avec des artistes et des acteurs africains et dont certains réclamaient *de facto* le label d'un projet ou d'un programme existant. Cela a généré parfois des incompréhensions et des frustrations. La Saison est conçue autour d'idées, avec un angle éditorial clair et un concept précis. L'objectif est de susciter des réflexions et des projets spécifiques pour ce programme.

CJ Revenons à cette carte de l'Afrique créée de toutes pièces en 1884-1885 à l'occasion de la conférence de Berlin, à l'initiative du chancelier Otto von Bismarck qui convie quatorze puissances européennes pour décider du sort de ce continent – tout en tenant à l'écart les États et rois africains des débats. C'est donc cette année-là que l'histoire se noue entre l'Europe et l'Afrique, notamment la France qui s'implante en Afrique subsaharienne et en Afrique du Nord, par la signature de traités. Mais ce qui m'intéresse, c'est connaître ce qui préexistait à 1885. Au XIXe siècle, les connaissances européennes sur l'Afrique sont souvent réduites et la plupart du temps se limitent à l'Égypte – du fait des campagnes napoléoniennes et des expéditions –, aux nombreux comptoirs commerciaux installés le long des côtes (laissant n'entrevoir ce continent qu'à partir de ses contours, sans connaître l'intérieur), ou circulent par la vague de l'orientalisme qui gagne l'Europe durant le XIXe siècle. Que pourriez-vous dire de cette Afrique d'avant 1885?

NF Nos frontières ont sans cesse bougé. Ce que je sais de l'Afrique, je l'ai appris à l'école à Dakar, à savoir l'histoire de l'Afrique depuis l'âge de pierre, chronologiquement, jusqu'à nos jours. Mais la carte que j'ai en tête, c'est celle du Moyen Âge, celle des empires et des royaumes, totalement différente de celle d'aujourd'hui, et qui fait de moi une descendante de différents empires dont celui du Mali. Les royaumes et les empires ont évolué au cours de l'histoire. Au XIe siècle, l'Empire almoravide part du Sud de l'Espagne jusqu'aux rives du fleuve Sénégal, englobant une partie de l'Algérie, du Maroc et de la Mauritanie actuelles. Pour ce qui est de la population, on peut mentionner les Juifs siciliens implantés en Espagne, expulsés à partir de 1492 dans le cadre de la reconquête de la péninsule Ibérique. Quelques-uns s'installeront au Maroc et certains de leurs descendants, suivant les routes des caravanes, éliront domicile dans l'actuel territoire du Sénégal et du Mali.

Ces routes des caravanes offrent une autre carte des flux migratoires et présentent aussi des courroies de transmission économiques, technologiques, culturelles et spirituelles. La culture mandingue[2] est un socle culturel commun aux populations de l'Empire du Mali qui parlaient différentes langues. Les peuples du Mali, de Guinée, du Sénégal, du Nord du Burkina Faso et de la Côte d'Ivoire partagent une même histoire en lien avec celle du royaume du Maroc. Cette proximité géographique mais aussi culturelle fait qu'à Marrakech, je me sens chez moi; alors que si je vais au Cameroun ou en Afrique centrale, je ne me sens pas toujours chez moi, ni pour le climat, ni pour la nourriture, ni pour les paysages ou pour certains codes sociaux. Ces histoires de l'Afrique créent différents degrés d'appartenance qui, par capillarité, m'ont permis de me sentir "africaine". "Être africain" est un terme à la fois concret et abstrait. C'est revendiquer un territoire de plus de 30 millions de kilomètres carrés et considérer que tous ses habitants sont vos frères et vos sœurs. Les populations du Maghreb ont parfois du mal à se considérer comme africaines, comme si ce terme était lié à une seule culture ou à une seule couleur de peau. Pourtant, les populations d'origine arabe sont arrivées au VIIe siècle en Afrique du Nord. Quatorze siècles d'histoire en partage avec les populations natives devraient suffire pour se sentir africain. Je suis allée à la découverte de ce continent à partir de 1995 lorsque j'étais la directrice de la rédaction du magazine d'art contemporain africain *Revue noire*. Et c'est à partir de ce moment-là que j'ai pris conscience du paradoxe du concept de "nation", lié à des frontières datant du XIXe siècle, et de la signification intrinsèque du terme "être africain". C'est parce que les frontières actuelles sont arbitraires et absurdes que beaucoup d'habitants de l'Afrique revendiquent une appartenance à un continent plutôt qu'à un pays.

NF Pour moi, cette Saison sert à faire exploser toutes les frontières, à commencer par celles des disciplines: soyons pluridisciplinaires ! Les artistes utilisent plusieurs médiums sans s'enfermer dans une seule pratique, prenons-en acte. Mon parcours illustre cette pluridisciplinarité: je suis à la fois architecte, éditrice, commissaire d'expositions et spécialiste de politiques culturelles. Casser également les frontières physiques. Les quinze États de la Communauté économique des États d'Afrique de l'Ouest (Cedeao) ont validé le principe de remplacer toutes les cartes nationales d'identité par une seule carte régionale d'identité traduite en trois langues: français, anglais et portugais. Cela concerne 380 millions d'habitants et un territoire de 5 millions de kilomètres carrés (environ l'équivalent de l'Union européenne en population et superficie). Dans la symbolique, je me suis demandé si ces pays d'Afrique de l'Ouest n'étaient pas en train de reconstituer les frontières des anciens empires et royaumes de la région. Je trouve également intéressant que le Rwanda déclare qu'il n'est plus nécessaire, pour tout ressortissant d'un pays africain, de présenter un visa pour entrer sur son territoire. L'idée de la Saison est aussi de casser les barrières mentales, pour contrer les clichés, les préjugés raciaux et culturels, même entre africains. Notre nom de famille permet de nous géolocaliser. En tant que Fall, je suis en mesure d'indiquer très précisément le berceau de ma famille paternelle au Sénégal, tandis que les Diallo ne se réclament pas de tel ou tel pays: tout le Sahel leur appartient ! Ce qui me permet de revendiquer tout le Sahel car mon arrière-grand-mère maternelle était une Diallo. N'oublions jamais que les populations se déplacent depuis l'aube de l'humanité. C'est la raison pour laquelle je crois beaucoup à cette idée de panafricanisme en tant qu'idéal d'émancipation sociale, politique, économique et culturelle, en insistant sur sa dimension collective. D'où ce projet de Saison Africa2020 pour embarquer tout un continent (du moins un maximum de personnes!) sans être dans la promotion de son pays, de sa couleur de peau, de son groupe ethnique, de sa langue, et de manière à transcender ensemble toutes ces questions avec les Français, les hôtes de cette Saison.

CJ Je voudrais évoquer Yves Lacoste, géographe français, né au Maroc, ayant forgé le concept de "géopolitique" (à travers sa revue *Hérodote* notamment) et spécialiste de Ibn Khaldoun, fameux historien, géographe, économiste, démographe, précurseur de la sociologie et homme d'État d'origine arabe au XIVᵉ siècle. Lacoste parle de "situations postcoloniales", une expression qu'il juge très utile dans la mesure où elle permet de désigner l'évolution, après les indépendances des colonies, des nations qui allaient en être durablement modifiées. Ces situations touchent, d'une part, des pays qui sont devenus indépendants et, d'autre part, des États qui ont été colonisateurs. La première phase postcoloniale s'est passée sans trop de heurts (sauf en Algérie) mais dans une forme de "statu quo" qui impliquait que l'on ne se retourne plus en arrière, que l'on ne commente pas l'Histoire. Une sorte de silence comme une chape de plomb a pesé, de part et d'autre, comme si, du passé, il serait ainsi plus facile d'en être libéré… Aujourd'hui, avec la seconde et la troisième génération "postcoloniale", les langues se délient avec ce besoin nécessaire de (re)formuler l'Histoire, d'un point de vue intime mais aussi collectif, pour mieux se l'approprier. L'exposition, conçue par Nadine Hounkpatin et Céline Seror, s'intitule "Memoria: récits d'une autre Histoire" et s'ancre à Bordeaux, ancien port colonial. Que vous inspire ce projet porté par deux commissaires indépendantes, actives entre l'Europe et l'Afrique, et cette génération émergente qui prend la parole aujourd'hui? Est-ce que l'on peut parler d'une forme d'"*empowerment*", de stratégie d'appropriation d'un récit qui viendrait renforcer un processus d'émancipation?

NF En 1996, il y avait moins de cinq commissaires d'exposition africains qui travaillaient dans un contexte international. Actuellement, il y en a des dizaines. La génération de commissaires d'exposition d'origine africaine qui a émergé au tournant du millénaire explore autant le local que le global et révèle les connexions qui lient toutes les sociétés du monde. Cette Saison est pour moi l'occasion de montrer cette pluralité de regards et de positionnements concernant l'état des sociétés contemporaines, en prenant le risque qu'ils soient contradictoires (pour parler d'un continent aussi vaste, rien de plus prévisible). On ne peut pas s'attendre à ce que plus d'un milliard deux cent millions de personnes soient toutes d'accord sur tout et il fallait surtout éviter la "pensée unique". Certains projets ont des titres très poétiques, d'autres sont plus explicites, mais tous sont des portes d'entrée et autant de paroles individuelles pour renforcer la richesse et la densité d'un projet collectif qui rassemble plus de quatre cents structures et établissements scolaires en France. La Saison Africa2020 est un mouvement collectif et pluriel autour des grands enjeux du XXIᵉ siècle. L'exposition "Memoria: récits d'une autre Histoire" explore certaines de ces histoires communes à une partie de l'humanité. C'est, au sens large, le récit d'une aventure humaine. Je souhaitais que Bordeaux, avec son passé chargé lié à l'Afrique, accueille un projet en lien avec l'Histoire. Nadine Hounkpatin et Céline Seror font partie des professionnelles que je désirais dès le départ associer à l'aventure collective de la Saison Africa2020. Pour leur engagement et leur militantisme en faveur de la visibilité des femmes, qui s'est traduit notamment par le développement de la revue *Intense Art Magazine* (2014-2018), et surtout parce que ce sont des personnalités du monde de l'art contemporain qui contribuent avec pertinence et subtilité à faire avancer les idées. Je crois beaucoup à la notion d'intelligence collective même si ce terme est un peu galvaudé.

NF En effet, la visibilité des femmes est
une question transversale, une des colonnes
vertébrales de cette Saison. C'était ma touche
personnelle en tant que commissaire générale,
et mon pouvoir d'infléchir la présence
des femmes dans cette programmation [Rires] !
Avec le rôle et la place des femmes, on est
au-delà du thème, je voulais que cette question
traverse tous les axes de la programmation.
Deux choses me sont apparues fondamentales
pour guider ma réflexion dès le départ et structurer
la programmation de la Saison : je voulais des
projets pédagogiques et entendre la voix des femmes.
D'où l'idée des "Focus femmes" dans les arts,
les sciences et l'entrepreneuriat.

NF Tout d'abord, qui sont ces femmes composant
plus de 50 % de la population du continent ?
Comment les rendre visibles et audibles ? De
quelles manières sont-elles source d'inspiration
en tant qu'êtres humains ? Les femmes, dans
tous les domaines, sont parfois ignorées, ou mal
considérées. En France, on crée des lois, on
se pose la question de quotas. Dans d'autres pays,
on voudrait revenir à des pratiques du Moyen
Âge ou des années 1950, et les voir retourner
"aux fourneaux".

NF Non, je n'ai jamais rencontré de difficultés
en tant que femme, mais je suis solidaire de
celles pour qui cela ne va pas de soi. C'était plus
facile pour une femme de vivre à Dakar qu'à
Djibouti, à la même époque, je pense. J'aimerais
que l'on prenne le temps de regarder ce qu'elles
font, entendre ce qu'elles disent, être inspiré
par ce qu'elles écrivent, par leurs actes, par leurs
recherches. Elles n'ont pas forcément de liens de
sororité ou de solidarité entre elles ; il y a beaucoup
de compétition bien au contraire, ce qui me navre.
Sans être dans un esprit féministe revanchard,
c'est un hommage personnel car je ne voulais pas
qu'on les oublie. Ce qui explique ma proactivité.
J'ai posé plein de petits cailloux comme le Petit
Poucet, et beaucoup de structures françaises
ont répondu positivement à l'appel dont le Frac
Nouvelle-Aquitaine MÉCA, à Bordeaux.
Vous êtes de très bons ambassadeurs [Rires] !

NF Je pense à la carte des régions : Afrique
de l'Ouest, Afrique centrale, Afrique du Nord,
Afrique de l'Est, Afrique australe. Mais cela
a ses limites, ce sont des découpages géopolitiques
qui ont été faits sans consulter les populations.
Il n'est pas facile d'inventer une nouvelle carte
avec des frontières qui seront forcément arbitraires
pour certaines personnes. Ce qu'il faut avoir
en tête, c'est ce sentiment d'appartenance au même
territoire. Et cela implique de connaître son histoire
et celle du continent africain. Il faut arriver
à transcender nos différences par l'autodérision,
la résilience et le recul. Je pense que ces facultés
nous y aideront, même si la situation africaine,
au quotidien, est extrêmement grave. C'est la raison
pour laquelle la Saison aborde la question
des systèmes de désobéissance et de l'engagement
citoyen. Oui, ce n'est pas facile partout, il reste

de nombreux défis à relever, mais nous avons
la capacité de rebondir, malgré tout. En Afrique,
certains jeunes qui ont porté des révolutions
citoyennes ont observé le mouvement des Gilets
jaunes avec circonspection : pourquoi casser
le bien public et donc collectif ? Ils n'ont pas
compris la violence de populations qu'ils considèrent
comme des privilégiés car eux, en Afrique, sont
confrontés depuis des décennies à des stratégies
de survie et de lutte pour des droits fondamentaux
comme la liberté de circuler et de s'exprimer,
l'accès à l'éducation, à la santé et à la culture.
En Afrique, nous voyons le verre à moitié plein
alors qu'en Europe, vous le voyez à moitié vide.
C'est peut-être cela que l'on aura envie de partager
avec la France dans le cadre de cette Saison
Africa2020 : relativiser mais ne jamais rien lâcher.

◇

1 La Saison Africa2020
est organisée et mise en
œuvre par l'Institut français
avec le soutien du ministère
de l'Europe et des Affaires
étrangères, du ministère
de la Culture, du ministère
de l'Éducation nationale,
de la Jeunesse et des Sports,
du ministère de l'Enseignement
supérieur, de la Recherche
et de l'Innovation et en
partenariat avec l'Agence
française de développement
ainsi que du Conseil
présidentiel pour l'Afrique.

2 La culture mandingue
s'étend dans un certain nombre
de pays d'Afrique de l'Ouest.
Elle est majoritaire au Mali,
en Guinée, en Côte d'Ivoire
et au Burkina Faso, et elle
regroupe principalement trois
ethnies : les Bambara,
les Malinké et les Dioula.

BIOGRAPHIES DES AUTEURS

Valerie Behiery

Valerie Behiery est critique d'art, spécialisée dans la culture visuelle du Moyen-Orient et de l'Afrique du Nord. Elle s'intéresse notamment aux représentations de la femme musulmane dans l'art contemporain, avec une attention particulière portée aux questions de genre, aux identités plurielles et à la déconstruction des stéréotypes. Elle a également enseigné dans diverses universités et est fréquemment sollicitée par les musées en tant que conseillère scientifique. Ses écrits ont été publiés dans des ouvrages de référence, des revues et des magazines d'art, dont *Nafas*, *Islamic Arts Magazine*, *M: The Magazine of the Montreal Museum of Fine Arts*, *Visual Arts News*, *Esse* et *Tribe*.

Chris Cyrille

Chris Cyrille est poète, critique d'art et commissaire indépendant. Grâce à ses réflexions sur le renouvellement des scénographies, il est lauréat du prix Dauphine pour l'art contemporain 2017 et du prix Jeune Commissariat de la 69e édition de Jeune Création en 2020. En 2017, il est cocommissaire de l'exposition "Dynamis" à la Galerie du Crous et commissaire de "Cargaisons" au Marché Dauphine (Saint-Ouen). Il écrit régulièrement pour des revues telles que *Point contemporain, Art absolument, Jeunes critiques d'art* ou encore *Le Quotidien de l'art*. En 2020, il remporte le prix Aica-France. S'intéressant aux relectures de la littérature critique et aux perspectives postcoloniales, Chris Cyrille cherche à construire une critique décoloniale.

Francis Eustache

Francis Eustache est chercheur en neuropsychologie et en imagerie cérébrale, spécialisé dans l'étude de la mémoire et de ses troubles. Professeur à l'université Caen-Normandie depuis 1990, il est nommé directeur d'études de l'École pratique des hautes études en 2001. Actuellement, il dirige l'unité U1077 de l'Inserm de Caen, unique unité de recherche en France totalement dédiée à l'étude de la mémoire humaine. Avec l'historien Denis Peschanski, il codirige le programme de recherche transdisciplinaire et longitudinal intitulé 13-Novembre, qui porte sur la construction des mémoires individuelles et collectives après les attentats perpétrés à Paris et sa banlieue en novembre 2015.

N'Goné Fall

N'Goné Fall est commissaire d'exposition, essayiste et consultante en ingénierie culturelle. Architecte de formation, elle est diplômée de l'École spéciale d'architecture de Paris. De 1994 à 2001, elle est directrice de rédaction du magazine d'art contemporain africain *Revue noire* (Paris) et conçoit de nombreuses expositions en Afrique, en Europe et aux États-Unis. N'Goné Fall est cofondatrice du collectif GawLab basé à Dakar, une plateforme de recherche et de production sur l'art dans l'espace urbain et les technologies numériques appliquées à la création artistique. En 2018, elle est nommée commissaire générale de la Saison Africa2020 par le président de la République française.

Dominique Fontaine

Dominique Fontaine est commissaire d'exposition. Membre du comité international de sélection et commissaire d'exposition de la région Caraïbe pour DAK'ART 98, la biennale de l'art africain contemporain, elle organise une exposition consacrée à l'artiste Kcho. En 2013, elle est membre du jury international du Mémorial permanent en souvenir des victimes de l'esclavage et de la traite transatlantique aux Nations unies (New York) et, de 2013 à 2018, elle collabore à titre de commissaire consultante, au programme "Of Africa" du Royal Ontario Museum. Parmi ses récents projets, mentionnons: "Here We Are Here: Black Canadian Contemporary", 2018, Dineo Seshee Bopape / and-in. The light of this._____, 2017.

Oulimata Gueye

Oulimata Gueye est critique et commissaire d'exposition. Elle étudie l'impact des technologies numériques sur les pratiques artistiques et culturelles en Afrique et suit de près les travaux des théoriciens et des militants qui réfléchissent aux enjeux socioculturels, politiques et économiques en Afrique au XXIe siècle. À travers ses projets, "Africa SF", "Utopies non alignées", "Afrocyberféminismes", elle s'intéresse aux croisements entre fictions, sciences et technologies qui permettent de développer des analyses critiques. Elle interroge notamment la place de l'Afrique et de ses diasporas dans l'histoire des sciences et des technologies à travers les questions de genre et de racialisation.

Nadine Hounkpatin et Céline Seror

Nadine Hounkpatin et Céline Seror sont consultantes et commissaires d'exposition indépendantes, spécialisées dans l'art contemporain d'Afrique et des diasporas. En 2013, elles fondent l'agence culturelle artness et s'investissent dans le développement de la revue IAM – *Intense Art Magazine* (2014-2018), première plateforme dédiée à la création artistique contemporaine africaine au féminin, puis créent la plateforme print et digitale *The Art Momentum* (2018). Elles y partagent une vision commune – placer la voix de l'artiste au centre du monde de l'art – et y défendent les valeurs du collaboratif et de la transculturalité à travers un réseau étendu d'artistes, d'auteurs, de critiques d'art et de curateurs. Depuis bientôt dix ans, le duo participe activement à la mise en avant des nouvelles voix et narrations en provenance du continent africain à travers, par ailleurs, les publications qu'elles éditent et les projets artistiques et culturels qu'elles conçoivent en Afrique et dans le reste du monde. De "Le Havre-Dakar, Partager la mémoire" (Muséum d'histoire naturelle du Havre, 2016) à "Memoria: récits d'une autre Histoire" (Frac Nouvelle-Aquitaine MÉCA, 2021), le duo poursuit son exploration du thème de la réappropriation de la narration, de la réécriture de l'histoire et de la constitution d'une mémoire universelle.

Claire Jacquet

Claire Jacquet est directrice du Frac Nouvelle-Aquitaine MÉCA depuis 2007. Elle a d'abord travaillé au Centre national de la photographie puis au Jeu de paume (Paris), en tant que chargée d'édition et commissaire d'exposition. Également critique d'art, elle cofonde la revue *Trouble* en 2001. À partir de 2007, elle développe des projets en lien avec l'Afrique, comme un nouvel axe du Frac, par le biais d'œuvres acquises auprès d'artistes africains pour la collection, de sa programmation en lien avec ce continent (telle que l'exposition "*Folk art africain?* Créations contemporaines en Afrique subsaharienne" en 2015), de séminaires (avec le réseau des Goethe-Institut en Europe en 2019), ou l'accueil d'artistes en résidence à la MÉCA.

Ashraf Jamal

Ashraf Jamal est universitaire, écrivain et théoricien de la culture. Il est associé de recherche au Centre de recherche sur les identités visuelles dans l'art et le design de l'université de Johannesbourg et enseigne dans le cadre du programme d'études sur les médias de la Cape Peninsula University of Technology au Cap. En 2018, il publie *In the World: Essays on Contemporary South African Art* (Skira), dans lequel il s'intéresse aux enjeux de la pratique artistique sud-africaine. À travers l'œuvre de vingt-quatre artistes plasticiens, il revient sur le récit national de l'art sud-africain, de la politique identitaire au boom de "l'art africain" sur le marché mondial de l'art contemporain.

Ladi'Sasha Jones

Ladi'Sasha Jones est écrivaine et curatrice indépendante. Elle est titulaire d'un diplôme en études afroaméricaines de Temple University et d'une maîtrise en politique des arts de NYU, Tisch School of the Arts. Elle a collaboré à de nombreuses revues, dont *Aperture, Avery Review, Arts.Black, The Art Momentum* et *Recess*. Elle est responsable des artistes dans le cadre du projet Laundromat, une organisation artistique engagée dans le développement d'initiatives créatives collectives et participatives à New York. Ses réflexions portent notamment sur les modalités de la production culturelle et questionnent la place des archives et du numérique dans les processus de narration.

Martha Kazungu

Martha Kazungu est conservatrice et écrivaine. Elle détient une maîtrise en art verbal et visuel d'Afrique avec une spécialité en conservation et média de l'université de Bayreuth (Allemagne). Elle contribue régulièrement à diverses publications dont *C & Magazine, Art Africa Magazine, Start Art Journal* et *Obsidian Journal*. Martha Kazungu a également participé à l'organisation de plusieurs expositions: "Here and Here" (Éthiopie), "Embodiment of Reason" (Ouganda) et "Life Classes", une exposition d'artistes ougandais (Allemagne). Son projet actuel s'intitule "Njabala" et vise à créer des espaces sûrs où les femmes artistes peuvent interagir à travers le dialogue et les expositions.

Nadia Yala Kisukidi

Nadia Yala Kisukidi est maîtresse de conférences en philosophie à l'université Paris 8 Vincennes-Saint-Denis, directrice adjointe du Laboratoire d'études et de recherches "Les logiques contemporaines de la philosophie". Elle a également été vice-présidente du Collège international de philosophie (2014-2016) et directrice de programme au CIPh (2013-2019). Membre du comité éditorial de la revue *Critical Time* (Duke University), elle a écrit plusieurs articles et ouvrages sur la philosophie, la religion et les pensées africaines, dont *Bergson ou l'Humanité créatrice* publié en 2013 (CNRS Éditions) ou encore *Afrocentricités. Histoire, philosophies, pratiques sociales*, en collaboration avec Pauline Guedj pour *Tumultes* (2019).

Anne Lafont

Anne Lafont est historienne de l'art. Elle a été maîtresse de conférences en histoire de l'art moderne à l'université Paris-Est avant de rejoindre l'Institut national d'histoire de l'art. En 2017, elle est élue directrice d'études à l'École des hautes études en sciences sociales (Paris) sur un projet intitulé "Histoire de l'art et créolités". Son travail porte sur l'art des Antilles françaises pendant la période coloniale et, d'une manière générale, sur les arts et les cultures de l'Atlantique noir. En 2019, elle publie *L'Art et la Race – L'Africain (tout) contre l'œil des Lumières* (Les Presses du réel), une étude inédite sur les relations étroites et paradoxales de l'art et de la race à l'époque des Lumières.

Rafael Lucas

Rafael Lucas est maître de conférences à l'Institut ibéro-américain de l'université Bordeaux-Montaigne et chercheur au Centre d'études linguistiques et littéraires francophones et africaines. Il est l'auteur d'une thèse consacrée à la représentation du peuple dans l'œuvre de l'écrivain brésilien Jorge Amado. Il est spécialiste de la culture atlantique et de la mémoire de l'esclavage, et ses travaux interrogent notamment les rapports qu'entretient la littérature caribéenne avec l'Histoire et l'anthropologie. Il s'intéresse également à la civilisation brésilienne et à la littérature de l'Afrique lusophone et francophone. Rafael Lucas intervient régulièrement sur l'histoire de l'esclavage à Bordeaux.

Sonia Recasens

Sonia Recasens est critique d'art et commissaire indépendante, membre de l'Association française des commissaires d'exposition et d'Aica-France. Depuis 2010, elle poursuit des recherches sur les artistes femmes et les artistes afrodescendant(e)s du XXe au XXIe siècle. En 2017-2018, elle assure le commissariat de la première rétrospective de l'artiste Hessie aux Abattoirs de Toulouse et au MUSAC de León: "Hessie. Survival Art". En 2018, les Frac de la région Grand Est l'invitent à mener une recherche sur les artistes femmes de leurs collections, qui prend la forme d'une exposition intitulée "Citoyennes paradoxales". En 2019, Sonia Recasens remporte le prix spécial du jury du Prix Aica-France de la critique d'art.

Dalila Dalléas Bouzar

De la peinture à la performance, Dalila Dalléas Bouzar (née en 1974), artiste d'origine algérienne, diplômée de l'École des beaux-arts de Paris, s'intéresse très tôt aux images et récits issus de la guerre d'Algérie. En déconstruisant les clichés de la représentation des femmes arabes (*Studio Orient au féminin*, musée du quai Branly-Jacques Chirac, 2019), c'est tout un discours sur le mythe orientaliste, la condition des femmes et la mémoire traumatique que l'artiste réinvente. Dans ses créations, c'est aussi le lien du peintre au monde et au musée qu'elle ritualise *(1/365 Révolution*, musée des Civilisations noires de Dakar) et le statut du peintre qu'elle questionne à travers notamment sa série *Studio Dakar* (Biennale de Dakar, 2018). Des œuvres telles que *Algérie année zéro* (2012), *Princesse* (2015) abordent sans fard la mémoire individuelle et collective de l'histoire algérienne ou encore la vision fantasmée de l'Orient dans *Les Femmes d'Alger*, d'après Delacroix (2003-2018). Membre actif du collectif grOEP à Bordeaux, Dalila Dalléas Bouzar milite pour une meilleure reconnaissance du statut d'artiste et mène une réflexion sur les notions de déplacement. Régulièrement exposé à la galerie Cécile Fakhoury d'Abidjan (Côte d'Ivoire), son travail a entre autres été présenté à la Biennale du Caire en 2018. En 2020, Dalila Dalléas Bouzar a été lauréate du programme de résidence Fondation Daniel et Nina Carasso / Cité internationale des arts (Paris).

Ndidi Dike

Ndidi Dike a passé ses premières années en Angleterre. Elle retourne plus tard au Nigeria et obtient un diplôme d'arts plastiques à l'université du Nsukka. Artiste visuelle multidisciplinaire (sculptures, peintures, installations et plus récemment médias et vidéos), Ndidi Dike porte une attention particulière au choix des supports qu'elle utilise ainsi qu'à leur matérialité. Ses thèmes favoris incluent, entre autres, l'histoire de l'esclavage et les mécanismes/politiques de domination, la gestion des ressources et le consumérisme, les effets de la mondialisation ou encore les migrations transfrontalières. L'histoire de l'art et la culture visuelle nigériane nourrissent également sa pratique. Plasticienne internationalement reconnue, Ndidi Dike s'est imposée comme l'une des plus importantes artistes contemporaines travaillant sur le continent africain, avec plus d'une décennie de pratique sculpturale transgressive. Elle expose régulièrement à l'international – "Women to Women", "Weaving Cultures", "Shaping History" (2000) à l'University Art Gallery de l'Indiana; "Totems and Signpost" (2002) au Goethe-Institut de Lagos, "Seven Stories about Modern Art in Africa" (1995) à la Whitechapel Gallery de Londres, "Villa Vassilieff" (2017) à Paris – et dirige un studio professionnel à Lagos, où elle réside.

Enam Gbewonyo

Enam Gbewonyo (née en 1980) est une artiste et curatrice d'origine ghanéenne et britannique. Après avoir exercé pendant plusieurs années en tant que conseillère design dans l'industrie de la mode, elle se consacre à la création. Plasticienne et performeuse, elle appelle à une prise de conscience sur la condition des femmes noires. Son médium de prédilection, le collant "couleur chair", est transformé tantôt en toile, tantôt en tissage. Cet élément banal de la garde-robe féminine européenne lui permet d'évoquer l'invisibilisation des femmes noires dans une société occidentale qui renie leur couleur de peau. En 2015, Enam Gbewonyo fonde le Black British Female Artist (BBFA), un collectif qui offre un soutien aux jeunes artistes émergentes afin de lutter pour un monde de l'art plus inclusif. L'artiste a déjà présenté son travail dans plusieurs galeries et institutions, telles que la galerie Tafeta à Londres ou l'Ashmolean Museum d'Oxford.

Bouchra Khalili

Bouchra Khalili (née en 1975), franco-marocaine, a étudié le cinéma à la Sorbonne-Nouvelle et est diplômée de l'École nationale supérieure d'arts de Paris-Cergy. Au travers d'installations qui mêlent dispositifs vidéo, photographie ou encore sérigraphie, l'artiste engage une réflexion sur les stratégies de résistance des membres de minorités exclues de la citoyenneté. Inspirée par la conception pasolinienne de l'œuvre d'art comme poésie civile, elle place au cœur de son travail les récits, les histoires et les formes de résistance des communautés marginalisées. Plusieurs expositions personnelles lui ont été consacrées, notamment au MoMA de New York, au Palais de Tokyo à Paris, au Macba de Barcelone et au palais de la Sécession de Vienne. Elle a été lauréate de nombreux prix et distinctions, dont le Prix SAM pour l'Art contemporain (Paris) en 2013.

Gosette Lubondo

Gosette Lubondo (née en 1993) est immergée dès l'enfance dans la photographie. En 2014, elle sort diplômée en communication visuelle de l'Académie des beaux-arts de Kinshasa. À travers des mises en scène, la photographe cherche à raviver la mémoire de lieux abandonnés, souvent révélateurs d'une histoire politique coloniale et postcoloniale plus globale. En interrogeant ces espaces, Gosette Lubondo questionne la place de la mémoire et du souvenir dans la construction de la société congolaise actuelle. Elle participe à sa première exposition "Lady by Lady", organisée par le Centre Wallonie-Bruxelles en partenariat avec le KinArtStudio, à Kinshasa, en 2014. En 2017, elle est lauréate des Résidences photographiques du musée du quai Branly-Jacques Chirac. Son travail a notamment été exposé à la Biennale de Kampala, à la Biennale de Lubumbashi, aux Rencontres de la photographie d'Arles, au musée national de Lubumbashi et au musée du quai Branly-Jacques Chirac dans l'exposition collective "À toi appartient le regard et (...) la liaison infinie entre les choses", conçue par Christine Barthe. Une grande exposition personnelle, retraçant l'ensemble de son travail (2013-2019) aura lieu en 2021 à Kinshasa.

Georgina Maxim

L'artiste et curatrice Georgina Maxim (née en 1980) a développé sa pratique autour des textiles, en utilisant des techniques aussi variées que la couture, le tissage, la broderie ou le crochet pour (re)donner vie aux vêtements usagés. Sous ses doigts agiles, ce sont de véritables sculptures textiles qui prennent forme, offrant notamment une réflexion sur la mémoire et sa transmission. Georgina Maxim est également la cofondatrice et codirectrice du Village Unhu à Chisipite, dans la province de Harare – un espace collectif artistique, qui propose des programmes de résidence, des expositions et des lieux de coworking. Son travail a été exposé au Zimbabwe (galerie Delta, National Gallery of Zimbabwe), mais aussi à Dubaï, Londres, Salvador de Bahia... Georgina Maxim a notamment présenté une installation à l'occasion de la 58e Biennale de Venise (2019) pour le pavillon zimbabwéen.

Tuli Mekondjo

Tuli Mekondjo (née en 1982) est une artiste autodidacte multidisciplinaire, née en Angola et basée en Namibie. Sa pratique intègre aussi bien la broderie que le collage, la vidéo, la performance ou la peinture, étendant ces supports à l'utilisation de résine et de grains de *mahang* (un aliment de base namibien). S'appuyant sur des archives photographiques et des histoires liées à la perte et à l'effacement des pratiques culturelles namibiennes, Tuli Mekondjo explore l'histoire et la politique identitaire de son pays à travers le prisme de ceux qui ont vécu en exil pendant la guerre d'indépendance de la Namibie. Son œuvre s'ancre dans une réflexion sur l'histoire culturelle et politique de ce pays. Elle y interroge les notions d'histoire, d'héritage, d'appartenance culturelle, d'identité ou encore celles de l'exil et du deuil, le traumatisme intergénérationnel et le déplacement. Ses créations s'inscrivent dans un processus de compréhension du passé et de réconciliation des différentes générations à la suite de la proclamation de l'indépendance de la Namibie en mars 1990. Tuli Mekondjo a participé à l'exposition "Future Africa Visions in Time", une collaboration en 2018 entre la Bayreuth Academy of Advanced African Studies, Iwalewahaus Bayreuth et le Goethe-Institut Namibia.

Myriam Mihindou

Myriam Mihindou (née en 1964) est une artiste plasticienne franco-gabonaise. Après un cursus en architecture, elle intègre l'École des beaux-arts de Bordeaux et y obtient un diplôme national supérieur d'étude plastique. De ces différentes disciplines émerge une pratique artistique protéiforme, qui allie sculpture, photographie, dessin et performance. Le corps occupe une place prédominante dans son travail, parfois autobiographique, lui permettant d'articuler ses réflexions autour des identités, des dominations et des mémoires. La mise à l'épreuve du corps devient alors un véritable processus thérapeutique, au cours duquel l'artiste entend transcender traumas et violences. Ses performances, souvent associées à des transes, révèlent un lien privilégié avec les éléments naturels dont elle s'inspire et auprès desquels elle se ressource. Riche de diverses réflexions et expériences collaboratives à travers le monde, le travail de Myriam Mihindou englobe toute une dynamique d'engagements et fait l'objet de nombreuses expositions, personnelles et collectives, en Europe, dans l'océan Indien, les Caraïbes, l'Inde, l'Afrique ou les États-Unis.

Wangechi Mutu

Après des études d'anthropologie et de beaux-arts, Wangechi Mutu (née en 1972) sort diplômée en sculpture de l'Université de Yale (États-Unis). Du dessin à la vidéo en passant par la peinture, l'artiste multidisciplinaire d'origine kényane s'est notamment fait un nom à travers ses peintures-collages. Des images de mode, médicales et pornographiques, des imprimés vintage et botaniques sont collectés et utilisés avec de sensuelles techniques d'aquarelle pour évoquer le pouvoir indéniable et la violence supportée par un corps féminin. Dans ses œuvres, Wangechi Mutu imagine des personnages hybrides évoluant dans une nature chimérique. Le caractère surhumain, dérangeant, voire grotesque de ces femmes mutantes aux formes inimaginables interroge et valorise les représentations du corps féminin. Son travail a été largement exposé dans le monde entier, à la Tate Modern de Londres, au Museum of Modern Art de San Francisco, au Metropolitan Museum of Art de New York, à l'Ontario Museum of Fine Arts, ainsi qu'au Centre Georges-Pompidou à Paris.

Otobong Nkanga

Otobong Nkanga (née en 1974) a d'abord étudié l'art à l'université Obafemi Awolowo à Ile-Ife, au Nigeria, puis aux Beaux-Arts de Paris (France). Elle a également obtenu un diplôme en arts du spectacle de l'Académie de théâtre et de danse d'Amsterdam, en 2008. La pratique d'Otobong Nkanga est multiforme, mais trouve son unité dans l'exploration de thématiques concernant l'écologie, l'utilisation des ressources naturelles et l'observation des flux humains. Son travail interroge les implications de l'activité humaine et ses effets sur différents environnements et contextes. À cet égard, elle raconte également la violence de l'histoire coloniale et son héritage sur le paysage actuel. Son œuvre a déjà fait l'objet de multiples expositions à travers le monde, dans des institutions telles que le musée de l'Orangerie à Paris et le musée d'Art moderne et contemporain de Nice, le National Museum de Cardiff et la Tate Modern de Londres, ou encore le Museum of Contemporary Art de Chicago.

Josèfa Ntjam

Josèfa Ntjam (née en 1992) est une artiste pluridisciplinaire, diplômée de l'ENSA de Bourges et de Paris-Cergy. Empreinte d'une logique de réappropriation de l'Histoire, la pratique artistique et poétique de Josèfa Ntjam interroge les modalités de production et de transmission de l'Histoire par la création de nouvelles narrations dont la matière première provient des internets et, plus précisément, d'événements historiques, de concepts scientifiques ou philosophiques, auxquels sont mêlées des références à la mythologie, aux rituels ancestraux, aux symboles religieux ou à des récits de science-fiction. Josèfa Ntjam associe sculpture, photomontage, performance, film et écriture – comme mode opératoire d'une praxis visant à déconstruire les grands récits à l'origine de discours hégémoniques sur les notions d'origines, d'identité et d'Histoire, pour construire d'autres mondes possibles. Elle propose ainsi des histoires alternatives multiples qui se superposent, se chevauchent, se croisent et s'entrecroisent. Conçus comme une arborescence – notamment nourrie par la sérendipité offerte par les technologies numériques –, ces espaces d'émancipation entendent contourner la linéarité de l'histoire officielle. Ses travaux ont notamment été présentés en France à la Fondation d'entreprise Ricard (2020), à la 15e Biennale de Lyon (2019), au Centre Georges-Pompidou (2020) et à l'international (Norvège, Angleterre, Écosse, États-Unis).

Selly Raby Kane

La créatrice Selly Raby Kane (née en 1986) propose un univers graphique fantastique futuriste et coloré. Ses réalisations, mêlant habilement tradition et modernité, s'inspirent de la vie urbaine, de la culture pop ou des dessins animés. Diplômée de l'École de marketing et management de la mode (MOD'SPE) à Paris, elle décide finalement de se consacrer à la création. Depuis son défilé "Alien Cartoon", imaginé comme une véritable performance transdisciplinaire au sein de l'ancienne gare ferroviaire de Dakar, la créatrice s'est hissée parmi les figures phares de la scène dakaroise. Selly Raby Kane fait d'ailleurs partie du collectif d'artistes Mus Du Tux ("Les chats ne fument pas"), dont les actions promeuvent un travail collaboratif au sein de l'espace urbain. Elle est également la réalisatrice d'un court métrage, intitulé *The Other Dakar – Hommage à la mythologie sénégalaise* (2017), nommé Meilleur Film de réalité virtuelle du Tribeca Film Festival.

Na Chainkua Reindorf

Na Chainkua Reindorf (née en 1991) est une plasticienne d'origine ghanéenne aujourd'hui installée aux États-Unis. En 2017, elle obtient un master en beaux-arts à l'université de Cornell (Ithaca). À travers ses recherches sur la matérialité textile, l'artiste articule histoire collective et récits singuliers en valorisant la longue tradition textile de l'Afrique de l'Ouest. Le tissage est appréhendé comme un véritable langage, une écriture, dont Na Chainkua Reindorf se saisit pour interroger les représentations du corps, la symbolique des étoffes et de leurs motifs. Dans une démarche féministe, elle explore également la notion de genre, traditionnellement associée au travail textile comme étant une activité domestique dite "féminine". Le travail de Na Chainkua Reindorf a déjà fait l'objet de multiples expositions individuelles et collectives aux États-Unis, au Ghana et au Nigeria.

Mary Sibande

Plasticienne, Mary Sibande (née en 1982) est diplômée des beaux-arts du Technikon Witwatersrand et de l'université de Johannesbourg. L'artiste offre une réflexion critique sur l'identité et la condition des femmes en Afrique du Sud. Pour ce faire, elle a imaginé le personnage de Sophie, sorte d'alter ego transgénérationnel qui vient rendre hommage aux femmes de sa propre famille autant qu'il interroge les mécanismes de domination coloniale et postcoloniale. À travers la figure stéréotypée de Sophie, Mary Sibande cherche en effet à déconstruire les clichés et à remettre en cause les biais systémiques de la mémoire collective. Son œuvre a déjà fait l'objet de nombreuses expositions, comme à la Somerset House de Londres, au musée d'Art de Toledo et au Spencer Museum of Art de l'université du Kansas, ou encore au musée d'Art contemporain de Lyon. Mary Sibande a représenté l'Afrique du Sud à la Biennale de Venise de 2011.

LISTE DES ŒUVRES EXPOSÉES

Par ordre alphabétique des artistes

DALILA DALLÉAS BOUZAR
Princesse, 2015-2016.
Huile sur toile de lin,
50 × 40 cm.
Série de douze portraits.
Courtesy de l'artiste et
de la galerie Cécile Fakhoury
(Abidjan, Dakar, Paris).

NDIDI DIKE
*Constellations Floating Space
And Remembrance – Archival
Cartographic Realities*, 2016.
Transparents sur feuille,
340 × 123 cm chaque.
Courtesy de l'artiste.
—
*Constellations Floating
Space And Remembrance –
Bureaucracy, Barriers
and Exclusion*, 2017.
Filet de pêche, formulaire
d'obtention de visa européen,
bouées, timbre de visa
officiel, et technique mixte.
Dimensions variables.
Courtesy de l'artiste.

ENAM GBEWONYO
In the Wake of Barely Black,
2019. Collants en nylon
recyclés, broderie de coton
et peinture acrylique écologique
à l'eau sur miroir chevalet
vintage, 192 × 78 × 40 cm.
Courtesy de l'artiste.
—
The Oculus / The Third Eye,
2019. Collants en nylon
neufs et usagés tricotés
à la main, 208 × 271 cm.
Courtesy de l'artiste.
—
Invisibility Cloak, 2017.
Collants en nylon tricotés
à la main. Taille variable.
Courtesy de l'artiste.
—
*Bigger than the picture
they framed us to see*, 2019.
Collants en nylon brûlés
et fil de coton sur cadre photo
vintage, 116,5 × 86 × 6,5 cm.
Courtesy de l'artiste.

Sheer Invisibility I, 2019.
Collants en nylon brûlés
et broderie en coton cousus
à la main, acrylique sur toile,
90 × 30 cm.
Courtesy de l'artiste.
—
Darky, 2019.
Collants en nylon brûlés
et broderie en coton
cousus à la main, acrylique
sur toile, 90 × 30 cm.
Courtesy de l'artiste.
—
*Nude Me/Under the Skin:
The Awakening of Black
Women's Visibility one Pantyhose
at a time*. Performance.
Courtesy de l'artiste.

BOUCHRA KHALILI
*The Speeches Series – Chapter 1:
Mother Tongue*. 2012. 25'.
Vidéo à canal unique.
Tirée de *The Speeches Series*
(3 films numériques, 2012-2013).
Courtesy de l'artiste et de la
galerie Mor Charpentier (Paris).
Œuvre commissionnée pour
La Triennale, Palais de Tokyo,
Paris, 2012, sous le commissariat
d'Okwui Enwezor.
—
*The Speeches Series – Chapter 2:
Words on Streets*, 2013. 18'.
Vidéo à canal unique.
Tirée de *The Speeches Series*
(3 films numériques, 2012-2013).
Courtesy de l'artiste et de
la galerie Mor Charpentier
(Paris). Œuvre commissionnée
pour The Encyclopedic
Palace, 55e Venice Biennale,
sous le commissariat
de Massimiliano Gioni.
—
*The Speeches Series – Chapter 3:
Living Labour*, 2012. 25'.
Vidéo à canal unique.
Tirée de *The Speeches Series*
(3 digital films, 2012-2013).
Œuvre commissionnée pour
l'exposition solo "Living Labour",
au PAMM, Miami, sous
le commissariat de Diana Nawi.
Courtesy de l'artiste et de
la galerie Mor Charpentier
(Paris).

GOSETTE LUBONDO
Imaginary Trip II, 2017.
Impression jet d'encre sur
papier Hahnemülhe Photo Rag
Ultra Smooth, 50 × 75 cm.
Série réalisée dans le cadre
des Résidences photographiques
du musée du quai Branly –
Jacques Chirac. Collection
du musée du quai Branly –
Jacques Chirac.

GEORGINA MAXIM
Wing, 2017.
Textile et technique mixte,
142 × 125 cm.
Courtesy de la galerie
Sulger-Buel (Londres).
—
Shabby Agnes, 2019.
Textile et technique mixte,
diamètre 160 cm.
Collection privée (Paris).
—
*Ane mweya wemadzinza
(She Has a Family Curse)*, 2020.
Textile et technique mixte,
195 × 150 cm.
Courtesy de l'artiste.

TULI MEKONDJO
*Oihanangolo
(White Things)*, 2020.
Millet Mahangu, encres
de résine acrylique,
peinture acrylique, transfert
d'image, marqueurs peinture,
fils de coton sur toile,
204 × 99 cm.
Courtesy de l'artiste
et de la galerie Guns & Rain
(Johannesbourg).
—
Afrotekismo, 2017.
4'. Vidéo performance réalisée
par Vilho Nuumbala.
Courtesy de Tuli Mekondjo
et de la galerie Guns & Rain
(Johannesbourg).

MYRIAM MIHINDOU
La Robe envolée, 2008.
Performance vidéo réalisée
le 28 juin 2008 à Las Palmas
de Gran Canaria dans le cadre
du workshop Africalls?,
une exposition audiovisuelle
à Casa África. Projet à l'initiative
de la commissaire Elvira
Dyangani Ose avec le soin
technique et artistique
du réalisateur Pere Ortín,
d'Anna Pahissa et du
cameraman Álex Guimerà
Arias (We Are Here!).
Courtesy de l'artiste et de
la galerie Maïa Muller (Paris).
—
Louve (Red Cross), 2017.
Sculpture suspendue.
Coton, étymologies et fils
de soie 55 × 24 × 43 cm.
Œuvre unique.
Collection du Frac
Nouvelle-Aquitaine MÉCA.

WANGECHI MUTU
The Screamer Island Dreamer,
2014. Peinture collage sur vinyle,
173,83 × 203,68 × 8,9 cm
© Wangechi Mutu. Courtesy
de l'artiste et de la galerie
Victoria Miro (Londres, Venise).

OTOBONG NKANGA
*There's Only so Much a Neck
Can Carry*, 2011-2012.
Textile (laine, coton, mohair,
viscose), impression jet d'encre
et plaque de Forex découpée
au laser, 109 × 163,5 cm,
édition 3/3. Collection du Frac
Nouvelle-Aquitaine MÉCA.
—
*Currency Affair: Okpoho
and King Manilla*, 2011-2016.
Tirage lambda monté
sur aluminium, 45 × 60 cm
(47,5 × 62,5 cm encadré).
Édition de 5 + 1 AP. Courtesy
de l'artiste et de la galerie
In Situ – fabienne leclerc
(Grand Paris).

Currency Affair: Kusu,
2011-2016. Tirage lambda
monté sur aluminium,
45 × 60 cm (47,5 × 62,5 cm
encadré). Édition de 5 + 1 AP.
Courtesy de l'artiste et
de la galerie In Situ – fabienne
leclerc (Grand Paris).
—
*War and Love Booty: Ndo
the Striker*, 2011-2016.
Tirage lambda monté sur
aluminium, 45 × 60 cm
(47,5 × 62,5 cm encadré).
Édition de 5 + 1 AP.
Courtesy de l'artiste et
de la galerie In Situ – fabienne
leclerc (Grand Paris).

JOSÈFA NTJAM
Mélas de Saturne, 2020.
Film HD, co-produit
avec Sean Hart, 11'32 min.
Courtesy de l'artiste
et de la galerie Nicoletti
Contemporary (Londres).
—
Water Family Memories # 1 et
Water Family Memories # 2, 2019.
Photomontages et impressions
sur soie, 300 × 400 cm chaque.
Œuvres commissionnées
par Veduta dans le cadre
de la 15e Biennale de Lyon,
2019. Courtesy de l'artiste
et de la galerie Nicoletti
Contemporary (Londres).
—
Arche de résilience, 2020.
Céramique, émail,
acrylique, chaînes, métal
et verre, 110 × 120 × 60 cm.
Courtesy de l'artiste
et de la galerie Nicoletti
Contemporary (Londres).
—
Hybrid Family, 2019.
Série de douze sculptures
en céramique et émail,
dimensions variables.
Courtesy de l'artiste et
de la galerie Nicoletti
Contemporary (Londres).

SELLY RABY KANE
The Other Dakar, 2017.
Film 360 VR, 7'35".
Coproduit par Electric South
et le Goethe Institut d'Afrique
du Sud, soutenu par Big
World Cinema, Blue Ice
Docs et la Fondation Bertha.
Courtesy de l'artiste et de
Electric South (Le Cap).

NA CHAINKUA REINDORF
Offering, 2019.
Perles de verre, fil de nylon,
dimensions variables.
Courtesy de l'artiste.
—
Altar, 2018-2019.
Perles de verre, fil de nylon,
fils de coton, tissu en coton.
264 × 12 × 12 cm (chaque).
Courtesy de l'artiste.
—
Nouvelle œuvre produite
dans le cadre de la résidence
du pôle innovation et création
du Frac Nouvelle-Aquitaine
MÉCA, 2020.
Courtesy de l'artiste.

MARY SIBANDE
Wish You Were Here, 2010.
Techniques mixtes, dimensions
variables. Collection Gervanne
et Matthias Leridon (Paris).
—
*They Don't Make Them
Like They Used to*, 2019.
Tirage numérique
d'archives, 104,5 × 69,5 cm.
Collection Gervanne
et Matthias Leridon (Paris).

Note d'édition
Une version longue des textes
La Navette, stylo de la mémoire
(page 18) et *Mémoire dynamique
et aventure visuelle* (page 92)
sera publiée sur le site
www.theartmomentum.com
à compter de février 2022.

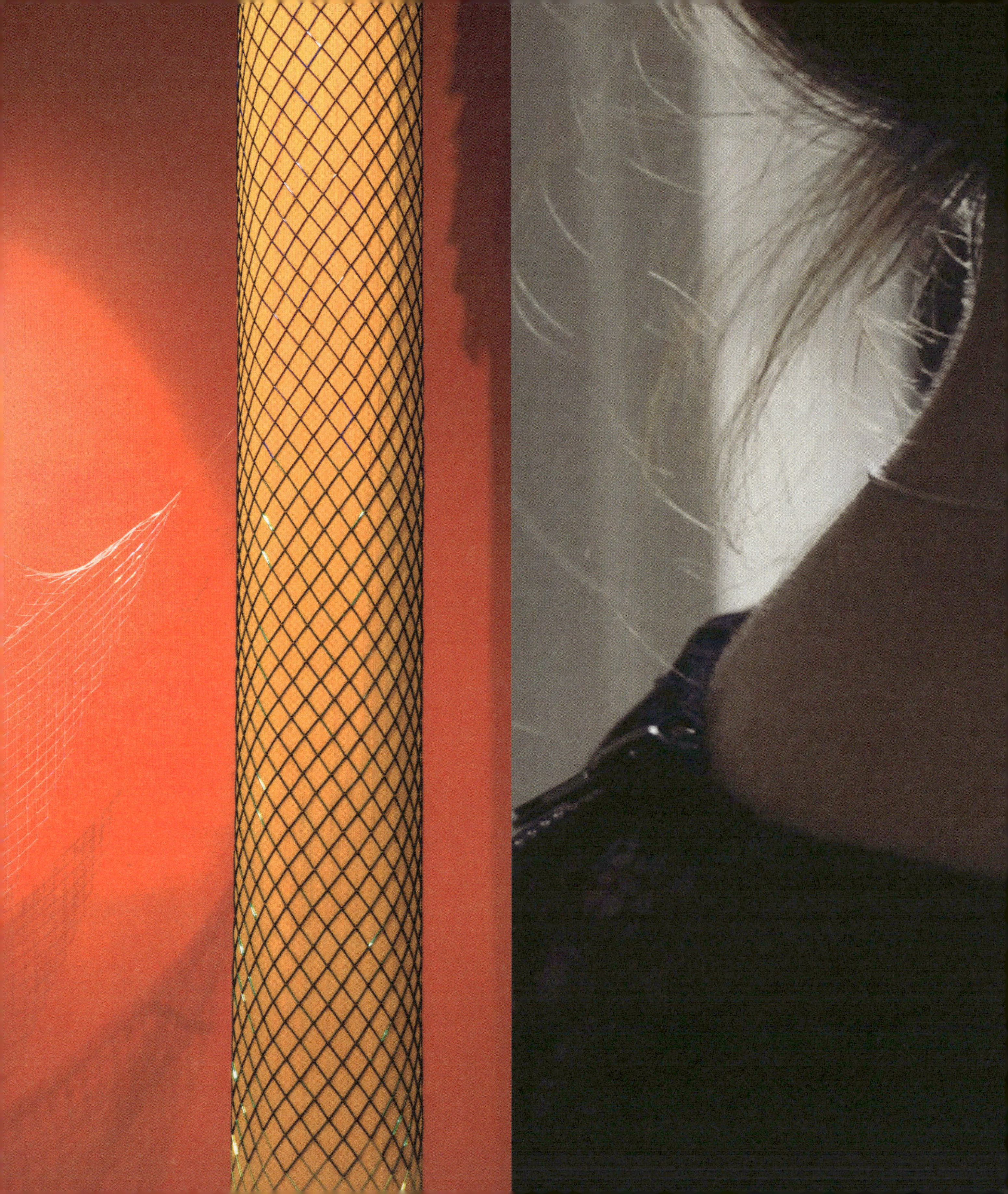

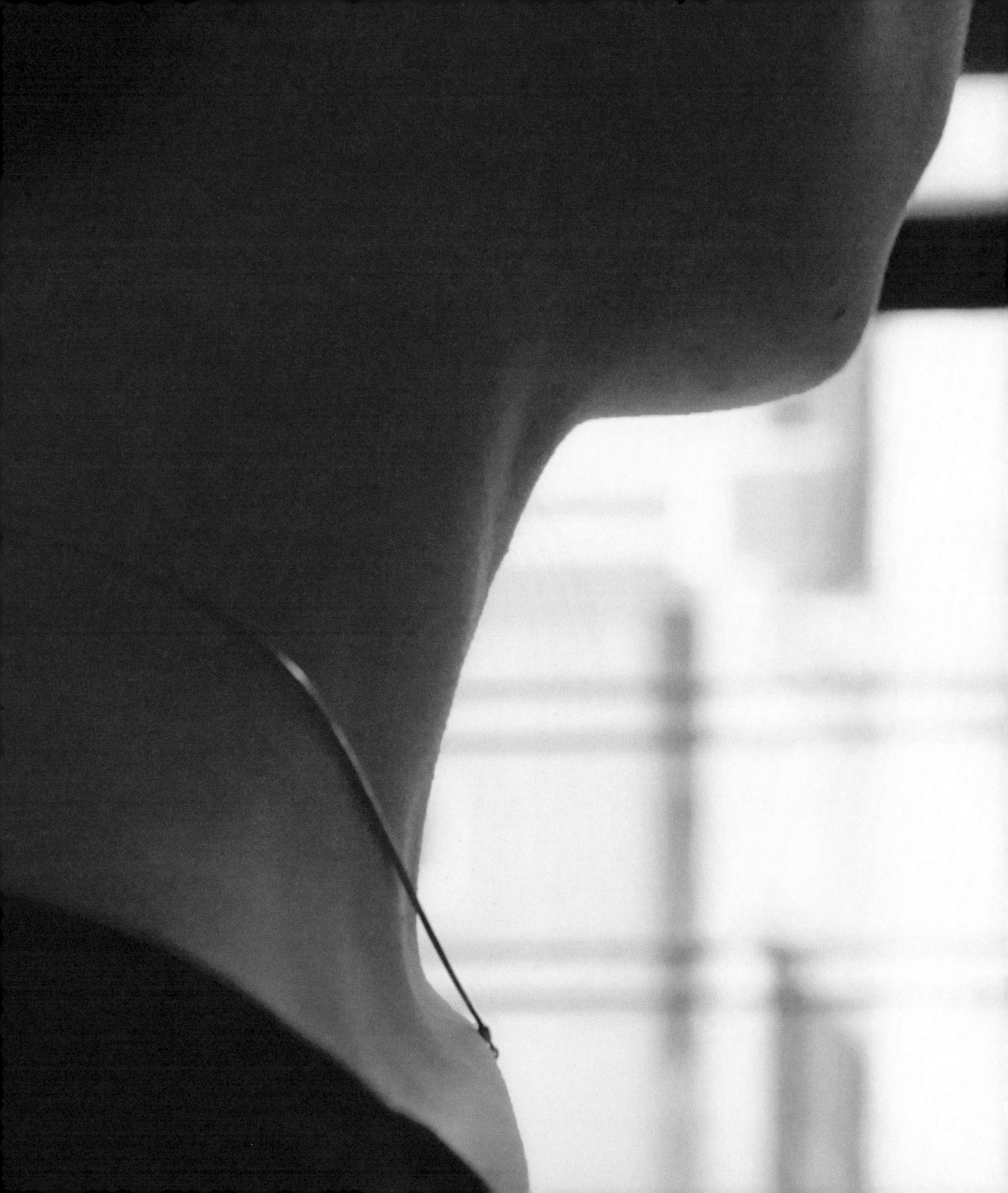

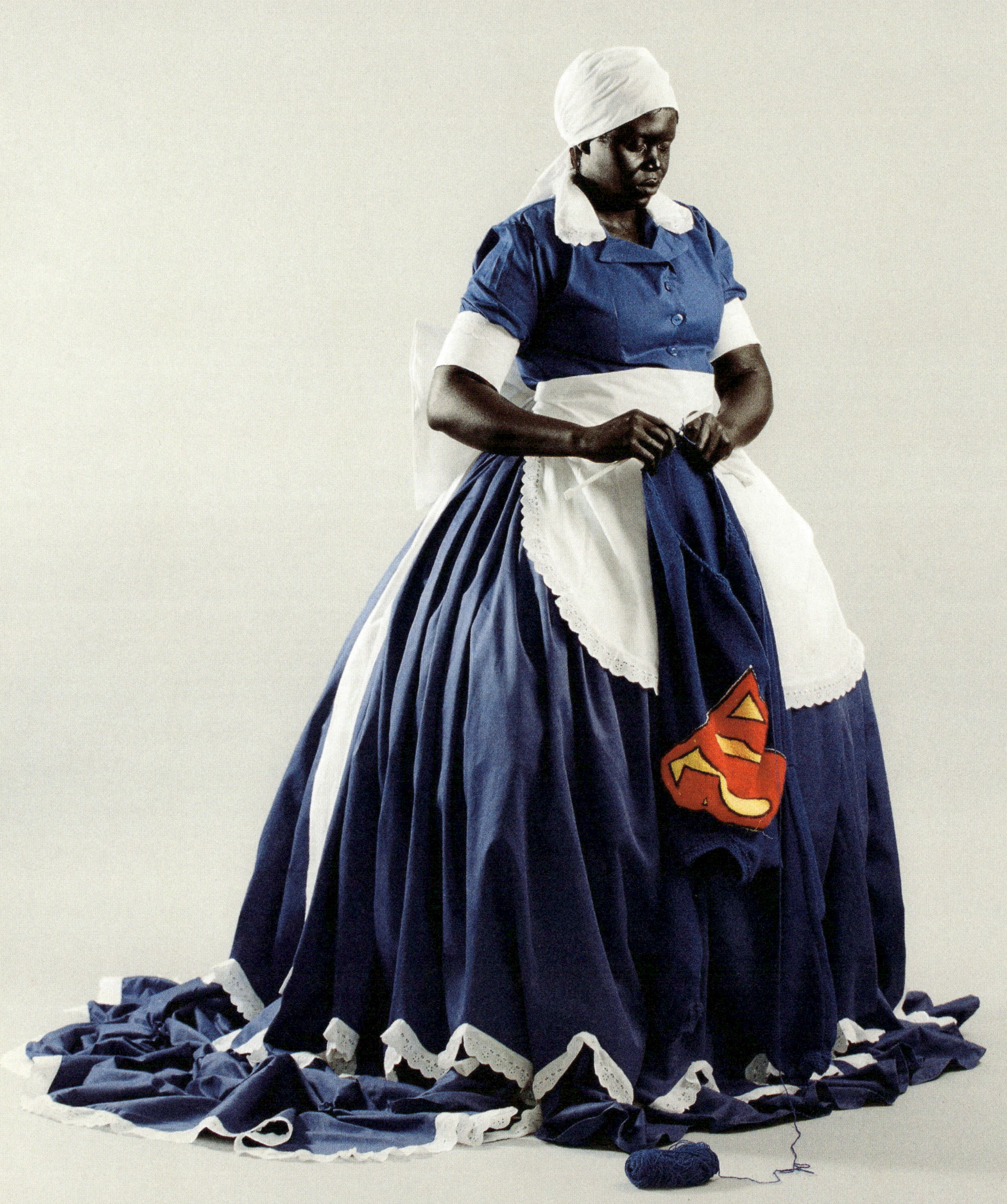